JN122108

北海道のスープカレー

No Soup curry
No Life !!

吉田 弥生著　北海道新聞社

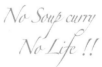
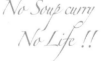

北海道のスープカレー　目次

石狩湾

麺処 メディスン麺

● sync curry sapporo

Sapporo soup curry dip

soupcurry 凵

337

231

● キッチングリズリー
● アメイロカリィ

タイガーカレー北24条本店

函館本線

スープカレー やまやまや ●

Sam's Curry

Soup Curry Popeye

札樽自動車道

カレー食堂 心 札幌本店

カレー魂デストロイヤー

PICANTE 本店

5

札幌スープカレー HIGUMA

札幌市内 MAP

スープカレー専門店 ESPER ITO 八軒総本店

AJITOHACHAM ●

5

札幌らっきょ

札幌スープカレー 曼荼羅 ●

グルグルカリー

Curry kitchen SPICE POT! 琴似店

SAKURA BROWN

Curry SAVoY

ouchi

gop のアナグラ ●

IN CURRY

大通・すすきの

Soup curry MATALE 円山店

暁

スープカレー＆そば 天色

市電

一灯庵 南4条本店

西屯田通り
スープカレー本舗

大通・すすきの拡大図

スープカレー
しゃば蔵

すーぷかりー
ひげ男爵

Spicy Spot
Soup Curry
& Café

230

12

SOUP CURRY & ASIAN DINING SHANTi

hirihiri OH! Do-Ri

lavi ル・トロワ店

カリー乃 五〇堂

大通公園

こうひいはうす

地下鉄大通駅

HOKKAIDO SAPPORO
SOUP CURRY LAB. あめや

● ZORA

奥芝商店 実家店

Curry Shop PiPPi

SoupCurry
Beyond Age
南19条店

230

ベンベラネットワーク
カンパニー

SOUP CURRY
TREASURE

スープカレー
GARAKU 札幌本店

CURRY SHOP S エス

村上カレー店
プルプル

Soup Curry
Suage+

soup curry yellow

Hot Spice Shop
Hood Dog

地下鉄すすきの駅

SOUL STORE

36

SOUPCURRY&
HAMBURG 龍祈

地下鉄すすきの駅

Chaos三Heaven

Asian Bar RAMAI
札幌中央店

SHO-RIN すすきの店

soup curry shop CHUTTA! ススキノ本店

スープカリィ ATMAN

スープカリー専門店 元祖 札幌ドミニカ本店

230

10

豊平川

スープカリー 藤乃屋

石狩川

学園都市線

モエレ沼

275

道央自動車道

函館本線

薬膳カリィ本舗 アジャンタ総本家

スープカリーオーヤン

スパイス＆ラーメン橙

FAT BAMBOO

スリランカカレーの店 チャンドリカ

Curry Store 万屋マイキー

スープカレー Cayenne ALTERNA

か〜るま〜る

KAWARAYA soup curry

札幌アジアンスープカリー べす

12

SOUPCURRY & SPICE CAN CUN

Rojiura Curry SAMURAI.
平岸総本店

はりまや

カレーハウス
GARI

スープカレー flu-ffy

12

MOON36

CURRY LOOK-KA PYPY

SOUP CURRY Spice & mill

スープカレー店 34

MAGIC SPICE 札幌本店

SOUP CURRY
KING 本店

スープカレー
四つ葉

ポレポレ

SAMA 大谷地総本店

Modan Time

カレー気分

木多郎 澄川本店

Dutch-Oven.

274

カレーリーブス

虎 -TORA-

千歳線

スープカリー 藍色

スープカリィの店 ショルバー

SOUP CURRY ESOLA

南インドスープカレー天竺 清田本店

スープカレー トムトムキキル

道央自動車道

はじめに

スープカレーが大好きで、学生の頃から27年食べ続けてきました。ライターの仕事を始めてからは取材で食べるようにもなりました。2023年6月末、北海道新聞社からスープカレー本が出版されることが決まってから、怒涛の取材の日々が始まりました。お店の方にお話を伺い、写真を撮影し、試食させていただくことを繰り返し、約4カ月で延べ150店以上に足を運びました。「1人でそんなに？ 大変だね…」とよく言われましたが、私にとっては夢のように幸せで充実した日々でした。残念ながら制作中に閉店したりして掲載できなくなったお店もありますが、番外編も入れて130店を紹介することができました。北海道にはスープカレー店が160店以上あるといわれていますので、かなりの部分網羅できたと思います。この本がスープカレーを食べに行くときに少しでも役立ってくれること、この本を読んでくださった方が少しでもスープカレーを好きになってくれることを願ってやみません。

著者　吉田　弥生

札幌市内

和風キーマ 1200円。1、2を争う人気メニュー。仕上げにトッピングされた鰹節の香りと旨味がたまらない

チキンレッグ 1150円。スープの旨味をダイレクトに味わえる。辛くすればするほど旨味が増す

曉
あかつき

Official Site

志を継ぎ完全予約制で復活

プルプルで長年修行を重ねた平尾曉さんが独立開業。プルプルの常連からも熱い支持を集めていたが、病に倒れて閉店を余儀なくされた。しかし「店をなくしたくない」と、共に店を切り盛りしていた妻の理栄子さんが店主となり、席数を5席に絞って完全予約制で2022年に営業を再開した。シンプルだが鮮烈なスパイスの風味と刺激と具材の旨味が押し寄せ、食べるほどに虜になっていく味わいは健在。日替わりトッピングも充実だ。変わらぬクオリティでファンを喜ばせている。予約はインスタグラムに掲載した予約フォームから。当日は電話連絡を。空きがあれば入店できる。

本日のトッピング 100円〜

OTHER			
チキンときのこ	1100円	チキンとあさり	1250円
豆腐ときのこ野菜	1050円	キーマ	1100円

札幌市中央区南1条西12丁目322-24-2F
☎011-211-0744
11:30〜14:50、17:30〜19:10
木曜夜、日〜火曜定休

14

Asian Bar RAMAI 札幌中央店

アジアンバーラマイさっぽろちゅうおうてん

ビーフ（スープ・サビ・ブダス）　1350円。ビーフベースの複雑で濃厚なスープ。柑橘系の優しい酸味がポイントだ

チキン　1350円。メインのチキンが隠れるほど野菜がたっぷり入る

オブジェや絵画などさまざまなバリ直送グッズが飾られている

インドネシア料理と札幌スープカレーの融合

道内外に12店舗を構える人気店。インドネシアのスープ料理をベースにスープカレーの要素を加え、旨味とスパイスのバランスが取れた万人向けの味わいに仕上げている。「お腹いっぱい食べてほしい」という創業者の思いから具だくさんでスープもたっぷり。さらにスープもライスも無料で大盛りにできる。辛さアップは無料だが、有料の辛味「ラマイチリ」も用意。新鮮な生唐辛子を使用し、コクのある辛さと鮮烈な風味が辛党の心をつかんでいる。全店共通して店内はバリ直送のインテリアにあふれ、高い仕切りがあり照明も抑えめ。個室感と非日常感も味わえる。札幌中央店は112席とスープカレー店としては最大クラスの広さ。

札幌市中央区南4条西10丁目
1005-4 コンフォモール札幌1F
☎011-211-0697
11:30〜23:00
（ラストオーダー22:00）
無休

OTHER			
ヤサイ	1250円	ポーク	1350円
ウダン（エビ天2本）	1350円	フィッシュフライ(1日限定10食)	1350円

15

一灯庵 南4条本店

いっとうあんみなみよじょうほんてん

Official Site

ありがち　カマンベールチーズとハンバーグ
1520円。焦がしバジルとトマトの「ありがち」
スープは常連客に人気

オリジナル　バジルソーセージ　1130円
タイと日本のテイストを融合させた「オリジ
ナル」はエスニックテイストのあっさり系

中央区でファンを惹きつけてやまない老舗

1996年創業。札幌を代表する名店のひとつだ。創業者は
イタリアンとインドカレーの経験を踏まえオリジナルの
スープカレーを生み出した。特筆すべきは7種類のこだわりスー
プ。脂分控えめでブラックペッパー風味のあっさりした「クラシッ
ク」をベースにこってり系の「ありがち」、TV番組のコラボで生ま
れた「おにぎり」、クリーミー系「2002年冬」など個性豊かなスープ
があり、6種類のメイン具材との組み合わせで味わいはガラ
リと変わる。辛さの設定はなく卓上のピッキーヌとカイエンペッ
パーで調整するスタイルだ。店内は広く、ゆっくり食事を楽しめ
る雰囲気。完全予約制で小型犬のみペット同伴で入店できる。

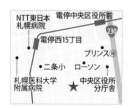

札幌市中央区南4条西13丁目1-13 MT413 1F
☎011-562-2559
11:00〜15:30、17:00〜21:30／日曜
11:00〜15:30(ラストオーダー各30
分前)※食材がなくなり次第終了
月曜定休(他不定休あり)

OTHER			
クラシック　チキン......... 1130円	おにぎり　ポーク............ 1450円
2002年冬　ベジタブル... 1180円	トムヤムスープ　カキ...... 1310円

ouchi
オウチ

Official Site

コロ助スープカレー（コロッケ3個）　1400円

ワインはグラスで8種類以上、ボトルも豊富にそろえる

ハーフスープカレーとパワーサラダのセット　1300円

昼はスープカレー、夜はビストロ

2002年狸小路に創業。2023年にJR桑園駅の高架下に移転し昼はスープカレー、夜はワインとおつまみを楽しめる店に生まれ変わった。スープは創業時からある「さらさら」と、玉ねぎの甘みとトマトとビネガーの酸味を感じる新スープ「ビンダル」の2種類を用意。カレーも一部リニューアルして新メニューが登場し、ライスの代わりに彩り豊かなサラダが付いたセットや復刻メニューが早くも人気を呼んでいる。夜はワインビストロに表情を変え、ナチュラルワインや桑園にあるブルワリーのクラフトビールなど種類豊富なお酒とスパイスの効いた前菜盛り合わせや契約牧場直送の豚肉のロースト、自家製シャルキュトリーなど本格的な洋食が楽しめる。カレーはハーフサイズを用意。

鉄工団地通
市立札幌病院
JR桑園駅
326　・イオン

札幌市中央区北10条西14丁目
桑園イーストプラザ
☎011-261-6886
11:00〜15:00、17:00〜23:00
（ラストオーダー各30分前）
不定休

OTHER		
チキンスープカレー 1300円	豚角煮と野菜のスープカレー ... 1580円
アチャール3種盛 330円	上富良野ポークのハンバーグスープカレー ... 1580円

17

奥芝商店 実家店

おくしばしょうてんじっかてん

Official Site

宗谷岬牧場のおくしば〜ぐとカチョカバロチーズのカレー 2680円。牛肉100%ハンバーグにカチョカバロをトッピング。目の前でチーズを炙って仕上げる

復刻！！ボトムザンギカレー 1600円。創業時の人気メニューが復活。実家店限定メニュー

北海道愛にあふれた贅沢カレー

道内各地と東京、無人販売所を含め15店舗を展開する奥芝商店の本拠地。食材はほぼ100%道産。厳選した高品質のものを使っている。贅沢したいときや北海道を満喫したい観光客におすすめだ。スープは奥芝商店の代名詞とも言える「エビ」をはじめ「チキン」「海老牡蠣」の3種類。旨味が詰まったスープと極上の食材が織りなすご馳走スープカレーだ。「実家のようにくつろいでもらいたい」と店内はレトロな和の雰囲気。「お帰りなさい」と出迎え「行ってらっしゃい」と送り出す接客もハートフルだ。注文は入り口横の券売機で行う。

大通公園
電停西4丁目 三越
ローソン ★ PARCO
ラ・ジェント・
ステイ札幌大通

札幌市中央区南1条西5丁目16
プレジデント松井ビル100
☎011-596-6552
11:00〜15:00、17:00〜20:30
※スープ切れ閉店あり
月曜定休

OTHER		
チキンと旬野菜のカレー...1680円	海老祭りのカレー...........1980円
ベーコンと道産きのこカレー...1800円	実家の旬野菜カレー......1300円

Chaos≡Heaven
カオスヘブン

Official Site

トントン 1390円（ミルクスタイル＋160円）。味しみしみの豚角煮はとろける柔らかさでミルクスタイルのスープもご飯が進む

ラムキーマ 1610円。赤ワインで煮込んだワイルドな粗挽きラムキーマは風味豊かで食べ応えも十分

乳製品系スープのパイオニア

2010年に旭川で創業し2013年に札幌に移転。国道36号沿いの創成川イーストに位置し、観光客がメインの人気店だ。狭く細い階段を上がって店内に入ると、天井が高く開放的な空間が広がる。スープはサラッとスパイシーで具材の味を引き立てる「カオススタイル」を基本に4種類あるが、イチオシは「ミルクスタイル」。乳製品を使ったスープは珍しく、道産牛乳と生クリーム、クリームチーズの甘みと豊かなコクは一度食べるとやみつきになる。野菜は札幌近郊を中心にできる限り道産を使用し、米は玄米と古代米をブレンドした東川町「松原農園」の「発芽三志米」を使うなどの食材へのこだわりも。ランチタイムは禁煙となっている。

札幌市中央区南5条東2丁目12-3 2F
☎011-562-1555
11:30～15:30、17:00～21:00
（ラストオーダー各30分前）
※スープがなくなり次第終了
火曜定休

OTHER			
チキチキ	1290円	ベジベジ	1290円
ネバネバ	1290円	ベコンナー	1390円

Curry Shop PiPPi

カリーショップピッピ

豚しゃぶと今日の野菜のカレー　1300円
選べる野菜はマイタケをチョイス

日替わりカレー　内容によって価格が変わるが1500円前後で提供。写真はカスベとチキンと今日の野菜カレー

五〇堂の味を受け継いだ新店

店主の成田修平さんは「カリー乃五〇堂」で修行する傍ら、現店舗の隣のバーで1年間借り営業し味やメニュー構成を研究。2024年2月に満を持して開店した。サラッとしたスープはチキンを主体に昆布を加え、スパイス感が際立ち後味はスッキリ。五〇堂のテイストを感じるシンプルでコク深い仕上がりだ。辛さは1番から、具材とスープがおいしく味わえる限界の6番まで設定している。具材は大きくたっぷりと入り食べ応え十分。日替わりに力を入れていて、野菜は2種類から好きな1品を選べるほか、カスベ、ホタテ、サクラマスなどその日に仕入れた旬の食材を使ったカレーも用意し、毎日インスタグラムで告知している。

テレビ塔
ル・トロワ
丸井今井
★
二条市場
創成川通
36

札幌市中央区南2条東1丁目1-8
M's EAST II 2階
☎070-4147-1610
11:00〜15:00(ラストオーダー)
18:00〜20:30(ラストオーダー)
※スープがなくなり次第終了
水曜定休

OTHER			
チキンと今日の野菜のカレー… 1100円		野菜のカレー……………… 1300円	
キス不肉と今日の野菜のカレー… 1500円		シーフードのカレー……… 1550円	

カリー乃 五〇堂

カリーのごーまるどう

Official Site

特選シーフード 1500円。有頭エビ、ホタテ、ムール貝、アサリなど新鮮な魚介がたっぷりの贅沢メニュー

なすチーズチキン 1350円。トマトの酸味が効いた濃厚だが飲みやすいインドカレー。チーズはモッツァレラとパルメザンの2種がけ

スープカレーとインドカレーの2本柱

ス ープカレーファンはもちろん、カレー店主たちからも支持を集める名店だ。スープカレーは脂分が少なくサラッとした口当たり。あっさりしているがコク深くスキッとした辛さで毎日でも食べたくなる。インドカレーはスープカレーの良さも取り入れた独創的なスタイル。一般的なインドカレーとは趣きが異なりとろみが少なく飲み口が軽いのに濃厚かつボリュームが多く、スープカレー好きにもおすすめだ。旬の食材を使った数量限定の日替わりメニューや季節ごとの期間限定メニューなども用意し、その情報はSNSで告知している。店主の五十嵐広樹さんは音楽にも造詣が深く、月に一度ジャズ喫茶営業をすることもある。

札幌市中央区南8条西10丁目1277-37 山新南8条ビル
☎011-513-1550
11:00〜16:00、18:00〜20:30／土日・祝日11:00〜20:30（ラストオーダー各30分前）※売り切れ次第終了木曜定休（祝日の場合は営業）

OTHER			
チキンカリー	1150円	やさい（寄せどうふ入り）	1300円
北海道牛スネ肉	1450円	納豆オクラ	1150円

CURRY YA! CONG

カリーヤコング

Official Site

ポーク野菜 2500円。ルスツ麦豚バラ肉の煮込みがスープに、塩焼きがライスにトッピング

すべてのカレーにプレーンラッシーが付く。月曜日はスペシャルデーでブルーベリーラッシーに

チキン野菜 2200円。知床もも肉のソテーが入る

すべてにこだわり抜いた究極の味

北海道産を中心に極上の食材を惜しげもなく使い、塩とスパイスだけで仕上げる無添加・素材味100％のスープカレー。すべてにこだわり抜いた味は多くのファンを虜にする。透明度の高いスープは上品で奥深い旨味にあふれ、雑味を全く感じない澄み切った味わいだ。具材の野菜は味が濃く、肉は食べた瞬間に肉質の良さを感じる。食べるほどにコクとスパイス感が増して手が止まらない。辛さは何番でも無料。辛さと共に旨味も増し、30番からピッキーヌが入る。志賀功店主のワンオペで調理に手間と時間をかけるので、注文のタイミングには注意。待ち時間も覚悟しよう。

OTHER			
ハンバーグ野菜	2200円	ラムステーキと野菜	2900円
トッピングチーズ	200円	スープ大盛り	600円

札幌市中央区南16条西6丁目2-10
I.R山鼻1F
☎011-211-0019
11:30～15:00
※売り切れ次第終了
水曜定休

エナジーカレー 1580円。アスリート向けに栄養バランスを考えたメニュー。マラソンランナーに人気

タンドリーチキンと野菜のカレー 1400円。自家製タンドリーチキンが自慢の看板メニュー

CURRY SHOP S エス
カレーショップエス

Official Site

優しい雰囲気の中で楽しむ和風スープカレー

札幌中心部にあり観光客に絶大な人気を誇る1店。スタッフは全員女性で、アットホームで優しい雰囲気の中でカレーを楽しめる。淡く澄んだスープは鶏ガラや野菜、日高昆布を使用した和風テイストの「レギュラー」が基本味。脂分が少なくあっさりスッキリした飲み口でメイン具材や大きくカットした道産野菜を引き立て、スパイスの辛さと風味がストレートに感じられる。他にトマトバジル、ココナッツグリーン、しょうがのバリエーションがあり、それぞれにファンがいる。パキスタン人シェフ直伝の本格的なパキスタンカレーもおすすめで、全メニューで変更可。通し営業も嬉しいポイント。

OTHER		
野菜ときのこのヘルシーカレー 1300円	イカスミスープカレー 1600円
北海道コンビカレー 1900円	北の味覚スペシャルカレー 1900円

札幌市中央区南3条西4丁目
シルバービル地下1階
☎011-219-1235
11:00〜21:00（ラストオーダー20:30）
※状況により変更あり
水曜定休（祝日の場合は営業）

Curry Store万屋マイキー

カレーストアよろずやマイキー

Official Site

日替わりランチスープカレー 850円。平日12〜14時までの提供(写真は金曜日の豚しゃぶしゃぶ)

スペシャルコンビカレー 1350円。メイン具材を2種類選べる(写真はチキンステーキ+モリモリベジタブル)

お子様スープカレー 500円。小学生以下限定の甘口カレー。ライスのおかわりOK

農家の息子の野菜愛あふれるカレー

地元客に愛されて2023年で20周年を迎えた。肉のブイヨンに和風出汁を加えたスープは濃厚だが後味はあっさり。20種類以上をブレンドするスパイスが効いているが日本人の舌になじむ味わいだ。自慢は店主の実家と美瑛の親戚の農家から届く野菜。また、自分でも仕入れに赴き、農家仕込みの目で選び抜いたものを使っている。どのメニューにも野菜がたっぷりで、下処理にもこだわってそれぞれの持ち味を引き出す。具材は一口サイズにカットしスプーン1本で食べられる心遣いも。ヘルシーでコスパも抜群。辛さや具材をカスタマイズできるので毎日のように足を運ぶ常連客も多い。

JR苗穂駅→

北ガスアリーナ 札幌厚生病院
永山記念公園 ★ 北2条通
サッポロファクトリー 交番 12
マックスバリュ

札幌市中央区北1条東7丁目10-6
ミロブレード北一条1F
☎080-3268-4649
11:45〜14:00(ラストオーダー)
17:30〜20:00(ラストオーダー)
※食材がなくなり次第終了
月曜定休(他不定休あり)

OTHER		
ほろほろチキンももにくカレー…1000円		もりもりたくさんベジタブルカレー…1100円
こんがり厚切りベーコンカレー…1000円		チキンキーマドライカレー…1000円

こうひいはうす

チキンカレー 850円。創業時から不動の一番人気

ニセコ産じゃがいもコロッケカレー 900円。コロッケを崩して
スープと一緒に食べるのがおすすめ

ゴーヤのアチャール 100円。インドのピクルス。
季節によって食材を変えて5〜6種類用意する

電車通りで47年続く老舗

1977年にカフェとして創業したが、店主の田中誠さんが埼玉の喫茶店で食べて衝撃を受け再現したカレーが人気を呼び専門店に。鶏ガラ、昆布森の昆布、枕崎の鰹節など厳選素材を18時間弱火で炊き、脂を取り除いたスープは透明感があり、雑味がなく体にしみ込むような滋味深さ。毎日食べたい優しい味わいだ。ニセコ産のジャガイモ、新篠津の米など野菜は長年信頼関係を築いた契約農家から直送。生唐辛子で作るオリジナルの辛味、コロッケやカツは手作り、ターメリックライスはバターで風味をつけるなど調理にも妥協はない。自家焙煎してサイフォンでいれるコーヒーもおすすめだ。

札幌市中央区南20条西15丁目2-3
伏見コーポ1F
☎011-561-9115
11:30〜20:00
(ラストオーダー19:30)
水曜定休

OTHER		
あげチキンカレー............950円	チキンカツカレー............1100円
寄せとうふカレー............850円	ブレンドコーヒー(ホット)...500円(カレー注文で200円)

25

札幌スープカレー HIGUMA

さっぽろスープカレーヒグマ

Official Site

奇跡のパリパリチキン　1580円

三元豚のサクサクとんかつ　1680円

卓上には旨辛オイルとガーリックオイルがあり、味変が楽しめる

1皿に1日分以上の野菜たち

デフォルトで22種類も入る大ぶりの野菜たちが自慢。揚げ、蒸し、ガーリック焼きなど下処理を変えるのもこだわり。それぞれの魅力を楽しみながら、スープに使う出汁の野菜も入れると1皿で1日分以上の野菜が摂れる。ライスは白米と雑穀米を選べる。母体が青果店の強みだろう。三元豚を使用した衣サクサクのトンカツ、注文を受けてから皮をパリパリに揚げて仕上げるチキンレッグなど、メイン具材も手をかけ味もボリュームも文句なし。具材をとことん楽しむカレーだ。スープと同じメニューでルーも用意。同店のほかファクトリー店（サッポロファクトリー三条館B1F）もあり。

JRA札幌競馬場

鉄工団地通

★

たまゆら
桑園・発寒通

市立札幌病院

JR桑園駅

イオン

札幌市中央区北13条西17丁目1-30
☎011-214-0436
11:00〜21:00
（ラストオーダー20:30）
無休

八百屋厳選！ベジタブル...1280円		手ごねハンバーグ............1780円
HIGUMA特製漬け込みザンギ...1個180円〜		こぐまカレー（小学生以下）....780円

郵 便 は が き

|0|6|0|-|8|7|5|1|

672

（受取人）

札幌市中央区大通西3丁目6

北海道新聞社　出版センター

愛読者係

行

お名前	フリガナ		性　別
			男　・　女

ご住所	〒□□□-□□□□	都道府県

電　話番　号	市外局番(　　　) －	年　齢	職　業

Eメールアドレス	

読　書傾　向	①山　②歴史・文化　③社会・教養　④政治・経済⑤科学　⑥芸術　⑦建築　⑧紀行　⑨スポーツ　⑩料理⑪健康　⑫アウトドア　⑬その他(　　　　　　)

★ご記入いただいた個人情報は、愛読者管理にのみ利用いたします。

　本書をお買い上げくださいましてありがとうございました。内容、デザインなどについてのご感想、ご意見をホームページ「北海道新聞社の本」の本書のレビュー欄にお書き込みください。

　このカードをご利用の場合は、下の欄にご記入のうえ、お送りください。今後の編集資料として活用させていただきます。

＜本書ならびに当社刊行物へのご意見やご希望など＞

■ご感想などを新聞やホームページなどに匿名で掲載させていただいてもよろしいですか。　（はい　いいえ）

■この本のおすすめレベルに丸をつけてください。

高　（　5・4・3・2・1　）低

〈お買い上げの書店名〉

都道府県　　　　　市区町村　　　　　書店

SHO-RIN すすきの店

ショーリンすすきのてん

Official Site

ラムベジタブルカリー 2100円。スパイス
で煮込んだ肩ロースの塊肉は柔らかく、
羊の旨味が広がる

鶏せせりベジタブルカリー 1500円。せせ
り肉は味が濃くしなやかな弾力があり食べ
応え十分

すすきのの老舗人気店

2004年創業。すすきのの繁華街にあり、アジアンリゾート
をイメージした店内で深夜にスープカレーを楽しめる。
鶏ガラ、豚骨、牛骨、野菜のブイヨンに飴色タマネギペーストと
トマト、オリジナルスパイス、大きな具材と素揚げ野菜、焦がしバ
ジル…お手本のようなスープカレーだ。万人受けする安定した
味わいは観光客にも絶大な人気で、店内には有名人のサイン
がずらりと並ぶ。飲んだ後のシメスープカレーを楽しむ地元客も
多い。辛さは2〜3番が中辛で5番からピッキーヌが入る。番手
を上げなくても具材とスープの旨味で満足できる味わいだ。冷
凍のチキンスープカレーも販売している。北区に支店もある。

札幌市中央区南5条西3丁目10 グランド桂和ビル
☎011-522-2622
11:30〜15:00（ラストオーダー
14:30）、17:00〜翌3:00（ラストオー
ダー2:15）／日曜・祝日11:30〜24:00
（ラストオーダー23:15）　無休

OTHER			
チキンカリー	1200円	ポークカリー	1250円
ベジタブルカリー	1200円	エビとホタテカリー	1700円

27

すーぷかりー ひげ男爵

すーぷかりーひげだんしゃく

Official Site

ソーセージ　1450円。2種類の極太ソーセージは柔らかくプリプリ感もありスープによくなじむ

牛すじの煮込み(火・木・土曜日限定)　1400円。売り切れ必至の人気メニュー。トロトロの牛すじがスープにコクとまろやかさを加える

とまともっつ　650円。2、3人でシェアしても十分なボリューム

盛りだくさんのサービスと圧巻のボリューム

創 成川イーストにある人気店。トンコツとトリガラをベースに魚介を加えたスープはしっかりとしたうまみと和風テイストが感じられ、白菜や大根、春雨など個性派の具材によく合う。深い器に具もスープもたっぷりと入り、ライスは普通盛りで300㌘、特盛りは1.5㌔。大食漢をも満足させるボリュームだ。辛さアップ無料、ひげを付けた方（つけひげ、書きひげもOK）は100円引きの「ひげ割」、平日ランチは指定のドリンク100円などサービスも盛りだくさん。数量限定の日替わりメニューも要チェックだ。店内にはオリジナルTシャツ、店主の趣味のフィギュア、本棚にはマンガがぎっしり。

JR札幌病院
北3条通
サッポロファクトリー
創成川通
ローソン　12

札幌市中央区北1条東2丁目5-12
ビーンズコート1F
☎011-210-0144
11:00〜15:00、17:00〜22:00
（ラストオーダー各30分前）
不定休

OTHER			
肉男爵	1700円	豆男爵	1300円
ジャーマンポテト	770円	小樽ビール	各種660円

スープカリィ ATMAN

スープカリィ アートマン

ゴア・ポーク 1600円。透明度の高いスープは無添加で油がほとんど浮かない。スパイス重視の味わい

チキン 1400円(スワディスターナスープ＋100円)。まずは定番のチキンを食べてもらいたい。圧倒的なスパイス感に驚く

アチャールやサブジなど3〜4種類の副菜をサービスで用意している

スパイスマニアが集うすすきのの隠れ家

すすきのの雑居ビル3階にあり、看板も小さくひっそりとした雰囲気にひるむかもしれない。しかし、入店すれば目の覚めるようなスパイスの世界が待っている。松田成樹店主が1人で営む隠れ家的カレー店だ。東インドの伝統料理をベースにしたカレーはスパイスとハーブ、ホールとパウダーを調理工程で使い分けて大量に使用。スープはスタンダードな「マニプラ」と、薬膳の「スワディスターナ」。スパイス好きには後者がおすすめだ。香り高く、ホールスパイスがザラザラと入り、歯ごたえ、味、風味がダイレクトに広がる。レギュラーメニューのほか店内のホワイトボードには限定メニューが書かれ、SNSでも告知している。ワンドリンク制。

OTHER			
バラクチキン	1550円	ラム・コフタ	1650円
チャナ・マサラ	1350円	キーマ・ダル	1450円

札幌市中央区南5条西2丁目
美松村岡ビル3F
☎090-8374-9489
18:00〜24:00(ラストオーダー23:30)
水・日曜定休

SOUPCURRY & SPICE CAN CUN

スープカリーアンドスパイス カンクーン

Official Site

とろーり玉子＆チーズと厚切りベーコン
1450円。旨味の強いベーコンとふわふわの卵、コクのあるチーズの組み合わせは絶品。野菜もたっぷり入っている

ネバーネバーカリー 1200円。挽き肉、オクラ、とろろ、納豆などネバネバ食材満載の人気メニュー。平日11:30〜14:00は999円で提供する

メキシカンテイストのカレー＆バー

2 004年創業。大通で長年営業していたが、2019年に現在地に移転。メキシコをイメージした雰囲気はそのままに、広々とした空間でゆっくりとカレーを楽しめる。丸鶏とゲンコツの動物系スープと野菜のブイヨンと和出汁をブレンドしたスープはサラサラ系でコク旨。18種類のスパイスがスキッと刺激的な辛さを加える。おすすめは2番で、4番以上は辛党向けだ。ガーリックや薬膳など5種類のスープがあるが、まずはオリジナルからお試しを。クラフトビールやウイスキー、テキーラなどのアルコール、おつまみメニューも充実でバーとしての利用もできる。店内の黒板に限定メニューやトッピング、お得なドリンクなどが書かれているので要チェック。

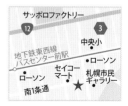

札幌市中央区南2条東6丁目5
朝日プラザ東一条橋1F
☎011-261-7099
11:30〜14:45、17:30〜19:45
月曜昼定休(他不定休あり)

OTHER			
チキンカレー	1250円	具だくさん!ベジタブルカレー	1350円
スパイシーラムキーマカレー	1250円	お子様カレー	800円

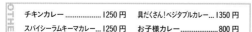

30

soup curry yellow

スープカリーイエロー

Official Site

角切り炙りチャーシューとオクラのカリー
1450円。皮付きの炙りチャーシューの香ばしさがアクセント

チキン野菜カリー 1500円。高橋さんおすすめの食べ方は辛さ3番でチーズ、温玉、納豆トッピング

札幌スープカレーの歴史を作った1店

1 996年、まだスープカレーの専門店が数えるほどしかなかった時代に創業。創業者の高橋さんが独学で試行錯誤を重ねたカレーは、高圧釜を使用して素材の旨味を逃すことなく抽出した白濁したブイヨンに、ターメリック主体のスパイスを合わせたクリーミーな黄色いスープが特徴。豚骨スープのような独特のとろみと香ばしさがあり、唯一無二の味わいだ。浄水器を通す水、味わい深い雑穀米、季節によって配合を変える13種類のスパイス、作り置きはせず注文を受けてからすべてを調理するなど、こだわりの積み重ねが長年ファンを引き付けてやまない味を生み出している。

札幌市中央区南3条西1丁目12-19
エルムビル1F
☎011-242-7333
11:30〜21:00(ラストオーダー20:30)
不定休

OTHER			
野菜カリー	1300 円	殻ごと食べられる海老カリー	1600 円
じっくり煮込んだラム肉とBlueHerbのカリー	1800 円	もつ鍋風スープカリー	1600 円

スープカリー専門店
元祖 札幌ドミニカ本店
スープカリーせんもんてんがんそさっぽろドミニカほんてん

Official Site

チキン(黄)ライス小 1000円。一番人気で注文の6割を占める

トントロ(赤)ライス中 1100円。長年継ぎ足しの自家製タレで焼いたトントロがライスオン

ハンバーグ(白)ライス小 1000円

札幌市中心部の隠れた人気店

2005年創業。大通で長年営業していたが2018年にすすきの中心部のビル4階に移転。年中無休で昼11時から深夜3時までの通し営業なので遅いランチやシメカレー、ちょい飲みにも重宝する隠れ家的人気店だ。あっさりした和出汁の「黄」をベースにトマトの「赤」、濃厚豚骨の「黒」、豆乳の「白」と、味わいの全く異なる4種のスープを用意し、全メニュー同一価格。おすすめは「トントロ」。甘ダレをからめて焼いたトントロは香ばしく、スッキリした辛さのスープカレーとの相性も抜群だ。デリバリー需要が多く、店内が空いていても提供まで時間がかかる場合もある。

札幌市中央区南5条西3丁目8
Nグランデビル4F
☎011-205-0038
11:00〜翌3:00
無休

ポーク・野菜・豚しゃぶ	ライス小1000円、中1100円、大1200円
生ビール	500円　焼酎 400円〜

SOUP CURRY & ASIAN DINING SHANTi
スープカレーアンドアジアンダイニングシャンティ

Official Site

漁師大久保の帆立と広島牡蠣のサイゴン 1570円（サイゴンスープ）。ハーブや薬膳を感じるサイゴンスープと魚介は相性抜群

カオマンガイ（オプション） 450円。好きなスープカリーにカオマンガイをトッピングできる

新・曼荼羅スペシャル 1710円（オリジナルスープ）。チキン野菜をベースに岩のり、フィッシュフライなどが入るリッチなカレー

インド・ネパールをベースにしたアジアンテイスト

インドとネパール料理に着想を得たスープカレーだ。スープはスパイスとコク重視の「オリジナル」と透明感のあるまろやかな「サイゴン」の2本立て。20種類以上のスパイス、ハーブ、薬膳をブレンドし香り高くヘルシーで食べ進めるほどに旨味が増していく。個性的ゆえ好みが分かれるかもしれないがハマると抜け出せない魅力がある。具材も丁寧に調理されている。トッピングはタイ料理のカオマンガイがおすすめだ。11〜15時はライスの大盛り無料。通し営業で遅めのランチに重宝する。2024年4月に中央区に移転オープン。夜はパッタイやトムヤンクンなど多彩なアジアンメニューも提供する。

札幌市中央区大通西7丁目2-2
アセットプランニング大通ビル1F
☎011-252-7706
11:00〜22:00
（ラストオーダー21:00）
日曜定休

OTHER		
チキンと野菜のスープカリー...1300円	ベジタブルスープカリー...1200円
MOMO（水餃子）と野菜のスープカリー...1200円	チキンマッシュサイゴン...1520円

取材こぼれ話

▶**IN CURRY**（P102）の店主武田美雪さんは鮭が大好きなのでメニューに「鮭カリー」がある。

▶**MOON36**（P81）の店内にはメニューが書かれたホワイトボードがあり、さりげなく「スマイル0円ではなく、スマイル0ですが機嫌が悪いわけではありません」と書かれている。

▶**村上カレー店プルプル**（P52）の村上義明店主はカレーの食べ歩きが大好き。「店をやるより食べる方が好き」と言い切る。

▶**ポレポレ**（P79）の店内にはなぜか大量のシマエナガのオブジェが。

▶**スープカレートムトムキキル**（P94）はかつて9時〜17時の通し営業をしていて、朝食にスープカレーを食べて新千歳空港に向かう観光客が多かった。また、11時まで「朝カレー定食」を出していた（現在朝営業、朝カレーの提供はなし）。

▶**curry and sweets apprenti**（P132）のスイーツは、ホテルで製菓を担当していた店主の奥様が作っている。

▶**カレー魂デストロイヤー**（P58）のトッピング「gop 漬け（写真左）」は gop のアナグラでライスに添えられているアチャール（写真右）のレシピを教わってメニューに加えたもの。今では本家でも「gop 漬け」と名乗っている。

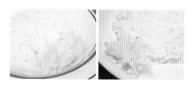

スープカレー&そば 天色

スープカレーアンドそばあまいろ

Official Site

季節の魚と真薯(しんじょ)スープカレー
1750円。和食の丁寧な仕事ぶりを感じる
ルックスと味わい

スープカレーせいろ 1800円。そばは完売
することが多く、SNSで完売を知らせている

日本料理店プロデュースの本格カレーとそば

日本料理店「まるやまかわなか」がプロデュース。2023年に系列のそば店と統合し、スープカレーと手打ちそばを提供する店になった。スープはチキンと香味野菜を中心にオリジナルブレンドスパイスで仕上げた本格派。具材はカレーには珍しい旬の魚介やしんじょ、牛の有馬煮など和の食材を取り入れつつ違和感なくスープカレーとして成立している。注目は冷たいそばを熱々のカレーにつけて食べる「スープカレーせいろ」。強いコシと風味の十割そばが驚くほどスープカレーに合う。そば湯割りも味わい深い。売り切れ次第閉店なので遅い時間の来店は電話確認か予約がおすすめ。

札幌市中央区南2条西26丁目2-37
☎011-688-8480
11:30〜15:00、17:00〜20:00
(ラストオーダー各30分前)
※なくなり次第終了
火曜定休

OTHER		
鶏賛味スープカレー 1500円	牛の有馬煮と揚げ豆腐スープカレー... 1500円
季節の野菜12種類のスープカレー... 1500円	ラムキーマ納豆スープカレー... 1700円

SOUPCURRY&HAMBURG 龍祈
スープカレーアンドハンバーグたつき

Official Site

望来豚ハンバーグカリー　1700円。厚田産のブランド豚「望来豚」100％のハンバーグは200グラムのボリューム

ベーコンエッグカリー　1550円。ふわとろチーズオムレツと厚切りベーコンは鉄板の組み合わせ

ブランド豚ハンバーグと八百屋直送野菜

2003年にすすきので創業。夜から朝まで営業し「シメスープカレー」を定着させた人気店と言えよう。深夜に満席が続くことも多い。店名に冠したハンバーグと、母体が青果店とあって野菜の量と質が自慢だ。スープは鶏・豚・野菜で取ったブイヨンと和出汁をブレンド。味が濃くスパイスの突き抜ける辛さが酔客をも満足させる。ハンバーグは石狩のブランド豚「望来豚（もうらいとん）」のひき肉を使用。注文を受けてから15分かけてじっくり焼き上げるハンバーグは柔らかな食感で肉汁がたっぷり。野菜も食べ応え十分だ。他にもトンカツや角煮、ベーコンなど豚肉をメインにしたメニューが豊富で外国人観光客に人気が高い。

札幌市中央区南4条西6丁目4
☎011-532-4227
18:00〜翌4:00（ラストオーダー3:00）
※スープがなくなり次第終了
日曜定休（他不定休あり）

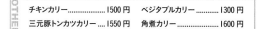

OTHER			
チキンカリー	1500 円	ベジタブルカリー	1300 円
三元豚トンカツカリー	1550 円	角煮カリー	1600 円

スープカレー GARAKU 札幌本店
スープカレーガラクさっぽろほんてん

Official Site

ポークフランクとベーコンの炙りチーズのせ
1490円。加工肉の旨味と炙りチーズの香ばしさがスープに力強さを加える

とろとろ炙り焙煎角煮 1540円。約5センチ厚の角煮がゴロリ。とろけるほど柔らかく香ばしい

りょうばあちゃんのザンギ 430円

全国区の知名度と幅広い人気

内と海外に9店舗とルーカレー店も有し、全国区の知名度を誇る「GARAKU」の本店。観光客が圧倒的に多く平日でも行列覚悟で訪れよう。「てまひま・コク旨・ハートフル」のコンセプトのもと、手間と愛情をかけて30種類以上の食材から取るブイヨンに、天然素材から抽出した和風出汁を合わせて仕上げるスープは、コクと旨味にあふれ万人に愛される味わい。辛さは3番がおすすめとのこと。ほどよい辛さで多彩にトッピングされた具材の味を存分に楽しめる。五穀米をブレンドした道産ななつぼしのターメリックライスも好相性。入店の際は入り口の発券機で整理券をゲットしよう。4月に札幌駅エリアに支店をオープン。

札幌市中央区南2条西2丁目6-1
おくむらビルB1F
☎011-233-5568
11:30～15:30、17:00～21:00(ラストオーダー各30分前)※スープがなくなり次第終了 不定休

OTHER			
やわらかチキンレッグと野菜 ... 1380円		やさい15品目大地の恵... 1290円	
かみふらのポークの脂しゃぶと7種きのこの凄...1490円		たっぷり7種のきのこ 1210円	

スープカレー しゃば蔵

スープカレーしゃばぞう

煮込ラムバーグ（160ｇ）SOUP CURRY（野菜15品） 1750円。肉厚のラムハンバーグはふっくらジューシーで羊の旨味たっぷり

生ラムタタキSpiceラーメン　羊骨スープ 1050円。麺屋菜々兵衛の自家製麺を使ったコラボラーメン

北海道唯一！羊骨出汁のカレー

羊を前面に押し出した唯一の店と言えるだろう。ウリはとにかく羊。羊の骨から取るスープをはじめ具材に羊ハンバーグ、生ラムタタキ、羊のキーマ、羊のチーズなど羊尽くしのメニューをそろえる。スープは羊骨、煮干し、鶏白湯、ミックスの4種類あるが、まずは羊骨を試してほしい。羊独特のクセを抑えつつ個性は残し、オリジナルスパイスとの相乗効果で羊好きにはたまらない味に仕上げている。注文のほとんどがカレーだが、生ラムタタキが乗ったスパイスラーメンも人気。タンタンメンやあんかけ焼きそばなどスープカレー以外の限定メニューも登場する。店内はシックな和の雰囲気で個室や掘りごたつ席がありくつろげる。

道庁
札幌グランド🏨　時計台
中央警察署★　札幌駅前通　12
北条・宮の沢通　　市役所
大通公園

札幌市中央区北1条西4丁目2-2
札幌ノースプラザビルB1F
☎011-221-0709
11:30〜15:00（ラストオーダー14:30）、17:00〜22:00（ラストオーダー21:00）　日曜・祝日定休

OTHER		
チーズたっぷり羊のキーマカレー... 1350 円	チキンレッグ SOUP CURRY（野菜9品）... 1380 円	
野菜たっぷり SOUP CURRY（野菜15品）... 1350 円	羊泣かせのスパイスカレー... 1150 円	

soup curry shop
CHUTTA! ススキノ本店
スープカレーショップチュッタ!ススキノほんてん

Official Site

チーズハンバーグ 1430円。ハンバーグ
はライスオンかスープインが選べる

アスパラと鶏竜田カリー 1410円。ヘル
シーな鶏むね肉の竜田揚げとアスパラの
コンビ。本店限定メニュー

深夜の王道スープカレー

札幌と江別、新潟に4店舗を展開。本店はすすきのの中心部のビル2階にあり、カウンターのみ8席で深夜営業している隠れ家的存在だ。スープはチキンブイヨンにトマトや豚骨、和出汁を合わせ、脂控えめで飽きのこない王道の味わい。観光客やスープカレー初心者も受け入れやすいだろう。具材もチキンやポークなど定番を揃える。スパイスは本場スリランカに足を運んで選び抜き、現地の工場で調合したオリジナルブレンド。清涼感のある独特の風味が印象的だ。基本の「レギュラー」、トマトベースの「ラトゥ」、カロリーオフの「ライト」の3種類のスープが選べるが、罪悪感を減らしたいのであろうか、深夜になるにつれライトの注文が増えるそう。

札幌市中央区南6条西3丁目
N三協ビル2F
☎011-551-2222
18:00～翌2:30(ラストオーダー2:00)
日・月曜定休

OTHER			
チュッタチキン	1410円	野菜&野菜	1480円
ポーク角煮	1430円	ねばトロカリー	1410円

Soup Curry Suage+
スープカレースアゲプラス

Official Site

パリパリ知床鶏のカレー　1380円。串に刺さったチキンと素揚げ野菜はスアゲの代名詞

チキンレッグカレー　1280円。チキンは揚げか煮込みを選べる。写真は揚げチキン

全国からファンが訪れる聖地

　札幌と東京に9店舗を展開する人気店の本店だ。8時間以上炒めたタマネギをベースに鶏ガラ、トマトなどを加えたスープはクセがなく万人向け。セントラルキッチンで仕込みすべての店舗で同じ味を提供する。野菜は希少種のジャガイモ「インカのめざめ」などを自社農園で栽培し安定供給を実現している。大きなメイン具材と串に刺した野菜を中心にした立体的な盛り付けも印象的。東京で食べてファンになり聖地巡礼に本店を訪れる観光客が多く、週末は開店30分前から行列ができるほど。店内の壁を埋める有名人のサインに人気の高さがうかがえる。本店の隣に土・日曜・祝日のみ営業する「Suage2」があり、混雑を緩和している。

OTHER		
野菜たっぷりベジタブルカレー...1430円		ラベンダーポークの炙り角煮カレー...1480円
北海道産牛もつカレー...1550円		ソーセージとオムレツカレー...1400円

札幌市中央区南4条西5丁目
都志松ビル2F
☎011-233-2911
11:30～21:30／土曜11:00～22:00
／日曜・祝日11:00～21:30(ラストオーダー各30分前)　無休

SOUP CURRY TREASURE

スープカレートレジャー

Official Site

彩り野菜　1190円（山の幸スープ＋160円）。彩り豊かな14種類の野菜が鮮やか。とろりとまろやかな山の幸スープが野菜を引き立てる

りょうばあちゃんの自家製ハーブソーセージ　330円。店主の母のレシピで作るハーブがほどよく香る粗挽きソーセージ

鉄板ハンバーグ　1490円。注文を受けてから鉄板で焼き上げるふっくらジューシーなハンバーグが自慢

オシャレ空間で楽しむGARAKU系スープカレー

行列の絶えない人気店「GARAKU」の系列店として2013年にオープン。GARAKUの和出汁をベースに自家製の醤（ジャン）とスパイスを合わせたスープの濃厚な旨味と、牛肉や豚肉、魚介など北海道産の食材を中心とした盛りだくさんの具材を楽しむカレーだ。スープは「オリジナル」とブイヤベースをイメージした「海の幸」、ゴマと豆乳をベースにした「山の幸」の3種類。器は特注品でカレーを彩り、食べやすく冷めにくいデザイン。店内ではレトルトカレーやオリジナルスパイス、スナック菓子やTシャツなど、さまざまな商品を販売していてお土産に好評だ。

- テレビ塔
- ル・トロワ
- 丸井今井　- 住友生命
- ★創成川通　- 二条市場
- 36

札幌市中央区南2条西1丁目8番地2
アスカビル1F
☎011-252-7690
11:30〜15:30、17:00〜21:00
（ラストオーダー各30分前）
不定休

| 定番煮込みチキンレッグ... | 1380円 | 1日分のたっぷり野菜 .... | 1390円 |
| 焼きラムしゃぶ.................. | 1490円 | 牛ハラミのステーキ .... | 1690円 |

OTHER

SoupCurry
Beyond Age 南19条店
スープカレービヨンドエイジみなみじゅうくじょうてん

Official Site

ベーコン&チーズオムレツ 1700円（エビスープ+250円）。ふわとろの卵と濃厚エビスープの相性は抜群

牛筋ベジ（薬膳うずら入） 1500円。生薬を配合した調味料で味付けしたうずらの卵入り

チキンベジ 1500円（薬膳スープ+200円）と梅アイスティー 500円

「健康志向」をコンセプトに、選べるスープは8種類

と にかくスープにこだわっている。鶏白湯をベースに11種類の生薬と15種類のスパイス、香味野菜をじっくり煮込んで仕上げたスープは「医食同源」を体現。免疫力を高める効果のある生薬とスパイスを使った「薬膳」、ベジタリアン向けの「ビーガン」、腸内環境を整える生薬を配合した「パク」など8種類も用意されたスープは中国の漢方を学んで開発したもの。どれも健康に配慮し、個性的な味わいでそれぞれにファンがいる。体を思いやる気持ちにあふれたスープカレーだ。メニューも豊富でスープとの組み合わせは無限大。平日限定のお得なランチメニューも要チェック。

札幌市中央区南19条西7丁目2-17
☎011-252-7876
11:00〜15:00（ラストオーダー14:45）、17:00〜21:30（ラストオーダー20:45）
無休

OTHER			
温玉納豆キーマ	1300円	栄養満点きのこ野菜	1400円
シーフードベジ	1700円	ビーガンスープ	+250円

Soup curry MATALE 円山店
スープカレーマタレーまるやまてん

Official Site

鴨の自家製低温ローストカレー 1790円。チェリバレー種の鴨肉はロゼ色でしっとりした食感。贅沢な味わいだ

チキンカレー 1190円。王道にしてシンプル。チキンはパリパリタイプか煮込みタイプを選べる

長年円山で愛される本格派

円山の裏参道にあり、スリランカの国旗が翻る外観が印象的だ。スープは鶏ガラ、豚骨、香味野菜で出汁を取ったあっさりした「クラシック」をベースに3種類を用意。スパイスは店主自らスリランカに足を運び調合して仕入れ、チリパウダーを辛さの主体に、青唐辛子のスッキリとストレートな刺激と本場のスパイスならではの豊かな香りが楽しめる。おすすめの辛さは6番だ。メイン具材は低温調理や香草焼き、煮込みなど随所にプロの技術が感じられる。すべてのカレーに入る7種の基本具材は好みで変更可能。平日ランチタイムはカレーにドリンク・ミニシーザーサラダ・アイスが付くレディースセットがお得だ。

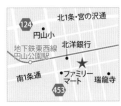

札幌市中央区南1条西23丁目1-8
☎011-641-8844
11:30～21:00
(ラストオーダー20:30)
木曜定休

43

Spicy Spot Soup Curry & Café
スパイシースポットスープカレーアンドカフェ

Official Site

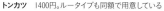

トンカツ 1400円。ルータイプも同額で用意している

大きなエビフライスープカレー 1000円

スープカレーランチ 1000円。チキン・角煮・きのこ から選べ、9種類の野菜が入る。11:00〜15:00限定

リーズナブルで野菜たっぷり

2018年創業と比較的新しい店だが、他店での修行経験のない店主が独学で作り上げたカレーが人気を得ている。スープとルーの2種類を用意するが注文の9割がスープ。旨味とスパイスのバランスがよく食べやすい。野菜好きな店主のこだわりからすべてのスープカレーに14種類もの新鮮野菜が入るが、野菜が隠れるほどメインの具材は大きくスープもたっぷり。さらにライスとスープは大盛無料という気前の良いサービスも。メニューブックの他に壁に限定やおすすめのカレー、トッピングが掲示されているので要チェック。駐車スペースは店前に1台分ある。店内はカフェのようなオシャレな雰囲気。

電停西線11条↑
すき家 ★
電停西線14条
米里・行啓通
マックスバリュ
電停西線16条

札幌市中央区南13条西14丁目3-26
☎011-522-8984
11:00〜15:00、17:00〜20:00
(ラストオーダー19:30)
水曜定休

OTHER			
チキン	1300 円	ベジタブル	950 円
角煮	1400 円	カレーライス	500 円

44

SOUL STORE

ソウルストア

Official Site

熱烈!!真っ赤な豆富カリー 1250円。キャベツ、豆腐、チーズ、温玉にプーラージャン。個性あふれるぶっかけスタイルはリピート率No.1

季節の旬菜カリー 1500円。日替わりで15〜20種類の野菜がたっぷり。季節によって品数は変わる

大地のザンギ 400円。出汁で煮込んだジューシーな大根を豚肉で巻いてザンギ仕立てに

目に美しく舌に美味しい極上の一杯

札幌市内でも屈指の人気を誇る。野菜好きの清水元太店主は道内の農家数件と契約し、鮮度と質にこだわった旬野菜をふんだんに使用。それぞれの持ち味を引き出すため調理法を変えるなど野菜への思い入れが強い。出汁で煮込んだ極太のごぼうの天ぷらは同店を象徴するアイテムだ。彩り豊かで立体的な盛り付けは芸術的で味も抜群。珍しい野菜やこだわりの食材、旨味とスパイスの調和が取れた4種のスープ、オリジナリティあふれるトッピングなどすべてにおいて完成度が高い。職人気質の清水さんの「作品」と言いたくなるアーティスティックな一杯に魅了されるはず。

大通公園 電停西4丁目
電停狸小路
ファミリーマート ドン・キホーテ
　　　　●狸小路　★
　　　　●交番　●ノルベサ

札幌市中央区南3条西7丁目3-2
F-DRESS7BLD2F
☎011-213-1771
11:30〜15:00、17:30〜20:30
不定休

OTHER		
チキンカリー.................. 1200円	紅茶豚と大きいなめこのカリー... 1450円
鶏団子とパリパリ揚げゴボウのカリー... 1300円	道産牛のネギ塩煮込みとまいたけ天のカリー... 1600円

炭焼き角煮カレー 1250円。甘辛く煮た柔らかな角煮を仕上げに炙って香ばしさを演出

ZORA風根菜と挽肉の花椒カレー 1200円。花椒の痺れが加わった中華テイストがクセになる

ZORA
ゾラ

Official Site

オフィス街憩いのスープカレー処

大通のオフィス街にあるカフェ風のオシャレな店舗。10分の1の量になるまで炒めた飴色タマネギが主体のスープは深いコクと自然な甘さがあり、スパイス感は穏やかであっさり。スープは1種類だがラムや牛モツなど個性の強い具材や花椒、ジャークチキンのスパイスでスープは表情を変え飽きさせない。辛さは控えめにしてスープや具材の旨味を楽しみたい。レトロなドリッパーで一滴ずつ抽出する水出しコーヒーでホッと一息つくのもいい。8時間以上炒めたタマネギと自慢のスープを合わせて熟成したルーカレーも人気だ。平日14時まで一律1100円のお得なランチと日替わりメニューもある。

大通公園

いろいろ野菜とスモーキーベーコンカレー 900円

<table>
<tr><td>OTHER</td><td>定番チキンレッグカレー... 1150円</td><td>Mama Kのジャークチキンカレー... 1200円</td></tr>
<tr><td></td><td>ピリ辛牛モツのカレー.... 1500円</td><td>ラムシャブと季節野菜のカレー... 1550円</td></tr>
</table>

札幌市中央区南1条西7丁目12-5
大通パークサイドビル1F
☎011-231-4882
11:30～16:30(ラストオーダー16:00)
※食材がなくなり次第終了
日曜定休(他不定休あり)

46

西屯田通りスープカレー本舗

にしとんでんどおりスープカレーほんぽ

Official Site

新・昼ベジカレー 1000円。スープ量と野菜の種類は少なめだがそれでも十分なボリューム。ランチ限定トッピングもあり

ルスツもち豚のトンカツVer 1700円。フルーツ野菜サラダ付き。オリジナル辛みスパイスも用意している

4種のスープで変わる味わい

西屯田通りに店を構えて18年で7～8割が地元客とリピーター。地域に根差した実力店だ。スープは透明度の高い「あっさりサラ旨」、一番人気の「濃厚コク旨」、「プラ酢ココナッツ」「クリーミーえび」の4種類。手間を惜しまずそれぞれ丸1日かけて仕込み、出汁とスパイスを効かせつつ具材の旨味を引き立てるよう計算されている。メインはもちろん、野菜も大きく食べ応えがある。注文のほとんどがスープカレーだが、ルスツもち豚や伊達鶏など食材を厳選し作り込んだ4種類のスパイスカレーや、具材構成から麺の太さまでこだわったスパイシーなラーメンも密かな人気。通し営業で、平日15時まではお得なランチメニューを用意する。

札幌市中央区南8条西13丁目4-5
☎011-532-1202
月～土曜・祝前日11:00～24:00／
日曜・祝日11:00～23:00
水曜定休

OTHER		
とりレッグカレー	1550円	ベジタブル	1350円
ハンバーグ野菜カレー	1950円	緑の野菜とトマトの豚しゃぶ	1550円

47

hirihiri OH! Do-Ri

ヒリヒリオードーリ

Official Site

北の味覚希少ラム肩ロースのステーキカ
リー 1800円。北海道を意識した贅沢メ
ニューは観光客に人気

ココナッツスープ骨チキチキンカレー
1300円。すべてのカレーに＋100円でココ
ナッツスープにできる

こっさりスープにココナッツのコク

2022年で20周年を迎えた。地下鉄大通駅から徒歩1分の好立地。鶏ガラと野菜のブイヨンに和出汁を加えた「こっさり」スープは食べやすく、トマトの酸味とブイヨンの旨味が効いている。辛さは0〜30番まであるが辛党には4か5がおすすめとのこと。6番以上はチャレンジャー向けだ。地元客にも観光客にも支持される味だ。hirihiriの推しはココナッツスープ。ココナッツミルクをブレンドしたスープはまろやかなコクととろみが出て、一度食べるとやみつきになるリピーターが多い。通し営業で平日17時までランチメニュー、17時以降は晩酌セット、限定やマンスリーカレーなどバラエティ豊かなメニューはあらゆるシーンで重宝する。札幌駅西口高架下に「hirihiri 2号」店あり。

大通公園　さっぽろテレビ塔
丸井今井　ル・トロワ
三越　★南1条通
PARCO
36

創成川通

札幌市中央区南1条西2丁目
KビルB1F
☎011-241-7300
11:00〜21:00
(ラストオーダー20:30)
無休

OTHER			
ベジタブルカリー	1200円	G★フランクカリー	1200円
道産牛すじと豆腐のカリー	1500円	ガーリックシュリンプベジタブルカリー	1680円

ベンベラネットワークカンパニー

Official Site

チキンベジタブル　1000円。パクチーとレモンは希望すると付けてくれる

ラムキーマベジタブル　1200円。ラムの風味が濃厚。羊好きにおすすめだ

クラシカルでマニアックな老舗

1994年創業の老舗。古めかしい飲食店ビルの一番奥にありちょっと入りにくい店構えだが、シンプルでクラシカルな味わいとリーズナブルな価格設定で長年ファンに愛されている。米の麺「タイメン」のトッピング、野菜は素揚げしない、目玉焼きをライスオンなど個性的なスタイルを貫く。スープはチキンベースであっさりサラサラ。辛さは突き抜けるようなスパイス感があり0〜7番まで設定し、0.5きざみの注文もできる。0でほんのり、1でちょっと、2（＋50円）でしっかり辛さが感じられる。定番メニューのほか、気まぐれで限定カレーをリリース。情報はインスタグラムで発信している。ちなみに店名の由来は不明とのこと。

札幌市中央区南2条西7丁目1
M'sスペース1F
☎011-231-5213
11:30〜15:30、17:30〜20:30（ラストオーダー各30分前）
水曜定休

OTHER			
ハンバーグベジタブル..... 1000円		炙りベーコンベジタブル.... 1200円	
十勝餃子ベジタブル 1050円		納豆オクラ 950円	

HOKKAIDO SAPPORO SOUP CURRY LAB.
あめや

ホッカイドウスープカレーラボあめや

Official Site

コリアンダーチキンのカレー 1350円。ヨーグルトやコリアンダーなどでマリネした鶏むね肉がスープに風味と深みを与える

味変アイテムのライストッピングも充実

チキンと野菜のカレー 1200円。王道シンプルなレギュラーメニュー。カルダモンが効いたスープと具材のバランスが秀逸

週2日のみ営業。札幌で朝からスープカレー

2024年2月オープン。スパイスカレー店「harappi」の原井晃裕店主が週2日朝8時からワンオペで営業するスープカレー専門店だ。メニューは「チキンと野菜」に加え期間限定が1〜2種類と少数精鋭。赤みの強いスープは鶏、牛骨、トリガラ、シイタケやコンブなど贅沢に出汁を取り旨味たっぷりだが、サラッとスパイシーで雑味がなく後味はスッキリ。チキンレッグは低温調理で旨味を残し、野菜も丁寧に調理し持ち味を引き出している。クラシカルでシンプルな具材構成だがスープとの相性が抜群で満足度が高い。辛さは1〜10番まで。辛さと共にスパイスの風味も増すので辛めの4〜5番のチョイスがおすすめ。

地下鉄東西線 西11丁目駅 大通公園
電停中央区役所前
電停西8丁目
230
プリンス(H) 石山通 狸小路
GS 月寒通
消防署

札幌市中央区南3条西9丁目998
M's West 味忘内
☎なし
8:00〜16:00
※カレーがなくなり次第終了
火〜木曜、土・日曜定休

OTHER		
タンドリーチキンと菜の花のカレー ... 1450円	玉ねぎのアチャール 100円
うずらペッパーマサラ 150円	サッポロクラシック(缶) ... 400円

Hot Spice Shop Hood Dog

ホットスパイスショップフッドドッグ

Official Site

パストラミ 1350円。自家製のパストラミは柔らかく薫香がスープに独特の風味を加える

粗挽きラムキーマ 1400円。羊好きにおすすめ。粗挽きのラムは香りと味が濃くワイルドな食感だ

プルプル直系。日替わりメニューが充実

店主の寺下拓実さんはプルプルで修行し味を受け継ぎ独立。プルプルをベースに独自の世界を展開する。ここではまずホワイトボードに書かれた日替わりメニューをチェックしよう。旬の魚介や野菜、珍しい食材を使ったメニューや多彩なトッピングがぎっしりと書かれている。また、実家が元農家だけあって野菜にこだわり、契約農家から仕入れたり自ら山菜やキノコを採りに行って日替わりメニューに取り入れる。一番人気の粗挽きラムキーマをはじめ定番メニューも充実。プルプル譲りのリーズナブルな価格も魅力だ。ホットドッグやフライドチキンなどサイドメニューも豊富だ。寺下店主の気さくな人柄も常連客を引きつけてやまない。

札幌市中央区南5条東2丁目22
☎011-531-7550
11:30～14:30、18:00～22:00
※スープがなくなり次第終了
火曜定休

OTHER			
チキンベジタブル	1050円	ベジタブル	1000円
ナット挽肉	1050円	まるごとベーコンきのこちーず	1400円

村上カレー店プルプル

むらかみカレーてんプルプル

Official Site

トマト・チキン・ベジタブル　1200円。スープの味がダイレクトに分かる

ライスオンの副菜は定番と限定合わせて7〜8種類を用意している。50円〜

ナット・挽肉ベジタブル　1200円。納豆が香る、とろみのあるスープにハマるファン続出

納豆カレーと副菜のパイオニア

スープカレーの世界に納豆を初めて取り入れた店。開店記念日に「冗談カレー」として出した納豆入りのカレーが好評でレギュラー化し、絶大な人気を誇る看板メニューになった。納豆を使ったカレーやトッピングが定番化したのはプルプルの功績と言っても過言ではない。また、スパイスの効いた和え物や炒め物、漬け物などライスにトッピングする副菜に力を入れるのも特色のひとつ。カレーとレゲエをこよなく愛する村上義明店主の唯一無二の個性がスープカレー界に多大な影響を与えて続けてきた。ここで修行して独立した店も多い。カレーは全メニュー1200円（平日ランチタイム1000円）。

札幌市中央区南2条西9丁目
ケンタクビル29B1F
☎011-272-1190
11:00〜14:30、17:00〜20:00
※売り切れ次第終了
日曜・祝日定休

OTHER			
チキン・ベジタブル	1200円	サバ缶・カレー	1200円
土曜スペシャル	1200円	サンボール（1/2）	150円

lavi ル・トロワ店

ラビルトロワてん

Official Site

こりこり肉付きヤゲン軟骨to野菜カレー
1485円。コリっとしたヤゲン軟骨の食感と骨ぎわの肉の旨味が楽しめる店長おすすめメニュー

パクチー香り彩ココナッツチキンカレー
1485円。スプーンでほぐれる柔らかチキンにココナッツの甘みとコク、パクチーの風味がぴったり

南国気分で味わう北海道のカレー

札幌市内と新千歳空港に5店舗を構える。全店のインテリアは木とピンクを基調にし、バリをイメージしている。2019年にオープンしたル・トロワ店は地下鉄大通駅直結の好アクセスで観光客が多い。スープは牛骨、丸鶏、道産野菜などを12時間以上煮込むブイヨンにトマトベースのキーマペーストを合わせ、濃厚でとろみが強い仕上がり。シナモンが香るスパイスも特徴的だ。食材は道産を中心に使用し、減農薬栽培の北竜町産元気米や真狩村産ハーブ豚などブランドも厳選している。器は特注のオリジナル。厚みのある特徴的なデザインは最後まで冷めない工夫だ。マンスリーカレーや店によって異なる限定メニューも要チェック。

札幌市中央区大通西1丁目13
ル・トロワ8F
☎011-223-1110
11:00〜21:00(ラストオーダー20:30)
無休

OTHER		
やわらかチキンカレー..... 1386円	八百屋の野菜カレー...... 1386円
ジンギスカンフランクto野菜カレー... 1485円	lavi スペシャルカレー 1760円

スープカレーを作る人
INTERVIEW

スパイスゴーゴー代表

イデ ゴウ氏

スープカレーを食文化へ。そしてソウルフードに

——スープカレー店を開いた経緯を教えてください。

私は大学時代からのアルバイトから足かけ10年ホテルを経験。その後洋食店の支配人に。そこの別業態としてカレー店を出すことになり、さらに自分で経営することが決まり料理の世界へ本腰を入れて携わることになりました。当時まだ店が少なかったスープカレーで勝負したいと思いらっきょを開店。ちなみに店名はタレントの「井手らっきょ」さんからつけました。今はご本人にも了承をいただいています。

はじめは客足が少なく、味も安定しなくて苦労の連続。お客さんに感想を聞いたり、ホテル時代に一緒に働いたシェフからアドバイスをもらったりしてスープを改良していきました。洋食にヒントを得て肉や野菜をたっぷり使ったブイヨンでコクと旨味を重視し、幅広い年代に受け入れられる食べやすさを追求。改良をくり返し、納得のいく味が完成するまで3年かかりましたが、徐々に客足が伸び、同時期に起こったスープカレーブームも追い風になり、なんとか店を続けていけるめどが立ちました。

開店初日にお釣りの用意を忘れたことに気づき大慌て。大家さんがご祝儀を持って来店してくれて、それをお釣りにあてて乗り切りました。今となっては懐かしい失敗談です（笑）。

——らっきょが開店した1999年のスープカレー業界の状況は？

スパイスや辛さ主体のスープカレーが多く、万人に受けるというよりも、一部の熱烈な人によって支持されていたと思います。店も店主さんも個性的でお客さんもマニアというか、ミュージシャンやアーティストが多く、サラリーマンでもちょっとはみ出しているようなタイプの人が多かったように思います。私自身もずっと欧風のカレーを食べ続けてきたので、初めてスープカレーを食べたときの感想は正直「なんだこれ？」という感じでした。その後この業界がこんなに伸びるとも思っていませんでした。

でも、2002年くらいからのスープカレーブームによって道外の北海道物産展の出店、スープカレー料理教室の講師、ハウス食品と提携

してスパイス講座の開催などさまざまな依頼が来て、それに応えていくうちに自然とスープカレーを北海道の食文化として広めたいと思うようになっていきました。

肉や野菜、魚介類などスープカレーの材料はスパイス以外北海道産で賄えます。ゴロゴロと大きな具材は道産食材のおいしさを存分に味わえます。北海道の魅力を伝えるのに最適な料理だと実感しています。

左／道外のカレーイベントに参加　右／講演会でスープカレー文化について語るイデさん

——現在と今後のスープカレー業界に対して思うことは?

味の傾向として、創成期のスパイス重視から徐々に和風出汁を合わせるカレーが増えてきています。エビやココナッツなどスープの種類も増えて、これからも旨味で食べるカレーが主流になっていくと思います。具材も最初はチキンを主体に野菜はニンジン、ジャガイモ、ピーマンなどシンプルだったものが、バリエーションが増えて具が主役のカレーが次々と生まれています。

スープカレーに明確な定義はないのでいろいろなタイプが出てくるのは自然なこと。カレー店主の横のつながり、ラーメンや和食などジャンルを超えた異業種のつながりが活発になればスープカレーが多様化し業界が盛り上がっていくと考え

ているので、私もできる限りのことをやっていきます。

特に力を入れているのが食育としてのスープカレーです。自店ではキッズメニューを用意していますし、子ども向けの料理教室にも取り組んでいます。子どもの頃から食べることでスープカレーがソウルフードになってほしい。最終的には「エンディングフード」と言いますか、人生最期に食べたいと思われる料理になればと願っています。

キッズカレー。毎週火曜日は100円で提供し、売上金はすべて札幌市の子ども支援活動に寄付している

スープカレーをソウルフードにしたいとの思いから、積極的に子ども向けの料理教室の講師を務める

PROFILE ——
いで ごう　札幌市出身。「札幌らっきょ」をはじめ、道内外に7店舗を展開する「(有)スパイスゴーゴー」代表。北海道ご当地カレーエリアネットワーク会長、一般社団法人日本スープカレー協会の専務理事。北海道観光大使。スープカレーを北海道の食文化として根付かせるため、自店の運営以外にも催事への出店や各種イベント活動、地域活性化プロジェクトへの参加など多方面で活動中。国内外にスープカレーの魅力を伝えている。

Curry SAVoY

カリーサヴォイ

骨つきチキンと焼野菜のカリー 1480円。スープは「Re・SAVoY」。こってり派に人気

鉄板キーマのカリー 1280円。熱々キーマにチーズと半熟卵がとろり。ライス付き

シーフードのスープカレー 1980円。創業時からの人気メニュー。魚介の旨味がスープにベストマッチ

惜しまれつつ閉店した名店が完全復活

23年の歴史を持ち2017年に閉店したが、株式会社IDATENが引き継ぎ2018年に復活。創業者の曽田静子さんから直接指導を受けて味を再現させた。鶏ガラ、野菜、果物などを使い48時間かけて仕込むスープは余計な脂分を取り除いているのでサラサラと上品で、スパイスのキレのある辛さと風味が際立つ。具材も丁寧に調理され量もたっぷりでスープにコクと旨味を加える。2023年に牛骨を主体に白濁するまでじっくりと炊いた新スープ「Re・SAVoY」を開発。こってりと濃厚なスープに合わせて具材も揚げ・焼きにするなどパンチを加え、従来とは真逆の味わいを追求。新たなファンを得ている。

★ モスバーガー

四谷学院● ●交番

ファミリーマート●

JR札幌駅

札幌市北区北8条西4丁目
プランシャールB1F
☎011-717-5959
11:30〜15:00、17:00〜21:30／日曜
12:00〜21:30
水曜不定休

OTHER			
チキンのカリー	1100円	15種類のやさいのカリー	1680円
北海道産スペアリブのカリー	1480円	牡蠣のカリー	1580円

カレー食堂 心 札幌本店

カレーしょくどうこころさっぽろほんてん

Official Site

とり野菜のスープカレー 1580円。17種類の旬野菜と一番人気の骨付きチキンの両方が楽しめる看板メニュー

ラビオリとニョッキのスープカレー 1280円。イタリアンの具材がブイヨンの効いたスープにベストマッチ

店内ではレトルトスープカレーも販売

ブイヨンが決め手の洋風旨味スープ

スープカレーに洋風テイストを取り入れたパイオニアの1店。スープはフォンドボーの技法を使い、鶏、豚、牛の骨と香味野菜、ブーケガルニなどをじっくり10時間以上煮込んで旨味を引き出し、スパイスとトマトを入れて仕上げる。洋の出汁の深み、トマトの酸味、スパイスの刺激のバランスが秀逸で、万人に好まれる味を目指したというのも納得だ。栗山町の農家から直接仕入れる米や市場に出回らない希少なジャガイモ、旬の野菜など食材へのこだわりも感じられる。2001年の開店以来メニューを変えず、常にブラッシュアップを続けている。コスパも抜群で近隣の大学生や観光客でにぎわう。店の裏に8台分の駐車場完備。

札幌市北区北15条西4丁目
シティハイムN15
☎011-758-8758
11:30〜22:00
※売り切れ次第終了
不定休

OTHER		
17種の野菜のスープカレー...1180円	納豆＆チキンのスープカレー...1430円
シーフードのスープカレー...1450円	スペシャルカレー...2280円

カレー魂 デストロイヤー

カレーだましいデストロイヤー

ニラナンコツキーマ 1000円。**梅ボール**
(50円)トッピング

サバ缶青汁 1000円。異色の組み合わせ
だが、青汁の苦みがサグカレーのような風
味を演出しサバと相性抜群

村上氏に惚れ込み、精神と味を継承

「村上さんの人柄とカレーで人生が変わった」と言い切る西川敦雄店主。札幌屈指の人気店・村上カレー店プルプルの店主から直接教えを請い、その味を忠実に受け継ぎ2019年にオープンした。ネギ豚やシーフード、梅ボールなど本家にはないメニューやトッピングで個性を出している。価格は全メニュー一律1000円。カルダモンが香るスパイシーなスープ、豊富なメニューとトッピングに魅せられた北大生やサラリーマンから絶大な支持を得て、行列必至の人気を誇っている。売り切れ閉店も多い。ひらめきで作るという月替わりの土日・祝日限定スペシャルカレー(価格はメニューによって異なる)もおすすめ。

札幌市北区北14条西3丁目1-31 総業第5ハイム1F
☎011-374-8841
平日11:00～15:00／土日・祝日11:00～15:00、
17:00～19:00(ラストオーダー各30分前)
※スープがなくなり次第終了
月曜定休(祝日の場合は翌日休み)、他不定休あり

OTHER			
ナット挽肉カレー	1000円	チキンカレー	1000円
ヒツジカレー	1000円	キノコダブルチーズ	1000円

富良野産豚バラのしゃぶしゃぶ　1350円（あっさり）

富良野産豚の角煮　1400円（濃厚＋60円）

Sapporo soup curry dip
サッポロスープカレーディップ

Official Site

3種のスープと豊富なメニュー

店主は市内の人気店で店長を務め独立。修業先の味にとらわれずオリジナリティを追求したカレーは、豚骨魚介で和風の「あっさり」、牛エキスとトマトで洋風の「濃厚」、牛乳とバターの「クリーム」の3種類のスープを用意。スープに合わせて基本野菜の内容を変える。スパイスは2回に分けて入れるので香り高い。メニューは定番チキンをはじめ牛すじ、マトン、炙りベーコンなどバラエティ豊かに14種類。中でも富良野産の豚肉を使ったメニューがおすすめ。6時間煮込んだトロトロの角煮や、別鍋で湯がいて余計な脂を落としたしゃぶしゃぶなど調理も丁寧だ。

4種のウインナー
1450円（クリーム＋60円）

札幌市北区北29条西4丁目2-1
ファミール札幌110
☎011-299-3242
11:30〜14:30、17:30〜21:30
不定休

OTHER		
チキンレッグ................1230円	たっぷり野菜................1280円
マトンレッグのやわらか煮込み...1500円	ぷりぷり海老のバターソテー（5尾）...1450円

Sam's Curry

サムズカリー

スパイシーキーマ＆ベジタブルカリー
1380円。期間限定メニューだったが人気が沸騰しレギュラー入り

グリーンココナッツチキンカリー　1400円
リピート率No.1のココナッツチキンカリーをグリーンカレー仕立てに。パクチートッピングがおすすめ

妥協せず研究を重ねる珠玉のカレー

カレー激戦区で高い人気を誇る1店。スープは大量の香味野菜とスパイス、ハーブ、鶏ガラをじっくり煮込んだ旨味の強いブイヨン系。カルダモンをメインにブレンドしたスパイスは清涼感があり、トマトベースのスープを引き立てる。濃厚だが脂分は少なく、口当たりが滑らかで後味が優しい。できる限り道産や農家直送の野菜を使い、肉類は下処理や調理に手間を惜しまず、ソーセージとベーコンは自家製など具材にも妥協なし。バラエティ豊かなメニューをそろえるがすべての完成度が高い。デリバリー限定のキーマカレーも人気。通し営業も嬉しい。店内は広々としてテーブル席が中心。ウッディでオシャレな雰囲気だ。

地下鉄南北線
北18条駅

ローソン　環状通

北海道
大学病院

★　創成川通

地下鉄南北線
北12条駅

札幌市北区北14条西2丁目1-8
リラハイツ北14条1F
☎011-299-2089
11:30～22:00（ラストオーダー21:00)
火曜定休（祝日の場合は営業）

OTHER			
サムズチキンカリー .... 1100 円	**サムズベジタブルカリー** ... 1200 円
サムズポークスペアリブカリー ... 1300 円	**[自家製]ソーセージ＆ベジタブルカリー** ... 1380 円

soupcurry 凪
スープカリーなぎ

Official Site

キーマカリー　1100円。+220円でポルサンポール、アチャールなど副菜3種セットが付けられる

ライスのトッピングも充実。ライスやカレーと混ぜると味わいの変化が楽しめる

野菜カリー　1250円。スパイスとたっぷり入った野菜の旨味を楽しめる

野菜たっぷり！毎日食べたい優しいカレー

住宅地にひっそりと建つ古民家をリノベーションしたカレー店。店主の浜本貴之さんは300軒以上カレーを食べ歩き、市内の人気店で10年以上の修業を経て2021年に同店を開いた。目指すのは「毎日食べたくなる体に優しいカレー」。スープはノーアニマルで昆布や野菜、果物で出汁を取り、ベジタリアンやヴィーガンでも食べられる。カルダモン主体で爽やかなスパイスが立ち上り、野菜の旨味と甘みが感じられる。あっさりした優しい味わいなので具材によって表情が変わる。野菜は北海道産をメインに厳選し、揚げずにオーブンで焼いているのでヘルシーだ。複雑なスパイス使いのキーマカレーも人気が高い。

六花亭　↑北南
法務局　●　34北条線
交番　セブン　西5丁目・樽川通　創成高
　　　イレブン　北南24北条線

札幌市北区北29条西6丁目2-5
☎011-300-7098
11:30-14:30、17:30-21:30／土日・祝日11:30〜21:30（ラストオーダー21:00、12月〜3月は20:30）
※スープがなくなり次第終了　不定休

| チキンカリー.................... 1380円 | 牛すじカリー.................... 1380円 |
| ソーキカリー.................... 1380円 | トッピングやさいセット..... 290円 |

61

Soup Curry Popeye
スープカレーポパイ

Official Site

ラム肉クミンカレー 1630円。クミンと羊の風味が溶け込んだ複雑なスープと肉の力強さが羊好きにはたまらない

野菜たっぷりベジタブルカレー11品 1480円。冷凍物は使わず丁寧に仕込みをした野菜が盛りだくさん。おすすめの辛さはスープと野菜の旨味が最もよく分かる「1辛」

ザンギカレー 1350円。カリッと揚がった柔らかジューシーなザンギが3つライスオン

ラーメンからの転身。独創性あふれるスープカレー

2023年10月オープン。店主の加藤渉さんは元ベテランラーメン職人だ。スープカレー店で修業はせず、レシピは完全オリジナル。スープはタマネギとトマトをじっくり炒めたペーストにチキンなどのブイヨンを合わせ、ラーメンの技法も取り入れて作っている。一口目に感じるのは優しい野菜の甘さ。そして動物系のコク、スパイスの風味が広がってくる。力を入れているのは野菜で、旬の良いものを産地にこだわらず仕入れ、生産者から直送してもらうことも。野菜の魅力を引き出す調理も見事だ。旬野菜の限定トッピングや平日ランチタイムのお得なメニューも用意。北大に近いので学割サービスもある。

札幌市北区北18条西3丁目2-18
IDビル
☎011-792-8908
11:00〜21:30
(ラストオーダー21:00)
火曜定休

OTHER		
チキンレッグカレー 1480円	ひきわり納豆ひき肉カレー... 1200円
鶏のせせり柚子胡椒焼きカレー... 1480円	豚角煮カレー.................. 1480円

エビと3種貝のカレー 1650円(裏虎スープ)。エビと貝の
出汁がスープにまろやかさを加える

プルプル牛筋野菜カレー 1650円(スタミナスープ＋130円)。
スタミナスープはニンニクとショウガのパンチが効いている

タイガーカレー 北24条本店

タイガーカレーきたにじゅうよじょうほんてん

Official Site

土鍋でアツアツ!具材たっぷりボリューミー

2006年に北24条で創業。赤レンガテラスに1店、新潟に
1店、キッチンカーも展開している。カレーはアツアツの
土鍋にモリモリの具材、グツグツと煮立つビジュアルで迫力十
分。スープはサラサラで野菜の甘み豊かな「裏虎スープ」、トマ
ト味でこってりの「虎のスープ」など4種類を用意。トロトロに煮
込まれた牛筋、大ぶりの骨なしチキン、「激うま」と名付けるポー
クなどメイン具材もボリューミー。スープとの組み合わせで優し
い系からガッツリ系までさまざま
な味わいが楽しめる。レトルト
スープカレーとオリジナルスパイ
スはお土産におすすめ。

骨なしチキンカレー 1300円	色とりどり野菜カレー 1250円
激うまポークカレー 1350円	柔らかハンバーグカレー ... 1350円

札幌市北区北23条西4丁目
プラザハイツ24 1F
☎011-746-3337
11:30〜14:30、17:30〜21:30／土
日・祝日11:30〜21:00
火曜・第3月曜定休

PICANTE 本店

ピカンティほんてん

Official Site

サクッとPICAチキン 1490円。衣にしっかりと味が付いてフライドチキンのような食べ応え

プレミア舞茸(愛別産矢部舞茸園) 1440円。こだわりの舞茸の旨味と食感がカレーに深みを与える

スパイスが鮮烈な個性派スープがやみつきに

2000年創業。札幌でも屈指の人気を誇り、札幌と仙台に2店ずつ姉妹店がある。北大に近く、学生やサラリーマン、観光客まで客層は幅広く行列が絶えない。スープはあっさり・こってり・薬膳の3種類。それぞれ全く表情が違うが、スパイス使いが個性的で余計な甘さがなくキレのあるスープに仕上がっている。スパイス感が最も際立つのがあっさり系の「開闢(かいびゃく)」だ。辛さは5段階で、3番からピッキーヌが入り一気に激辛になる。メニューによって具材の内容や切り方を変えたり、食べるときに具材を切りやすいよう端が平らにせり出しているオリジナルの器を使うなど工夫が凝らされているのも心憎い。14時以降は日替わりの「今日のスープカレー」が登場する。

札幌市北区北13条西3丁目
アクロビュー北大前1F
☎011-737-1600
11:30～22:00
(ラストオーダー21:45)
木曜定休

OTHER			
チキンレッグ	1390円	野菜のススメ!	1490円
やわらか仔羊のガーリック焼き	1630円	沖縄風ソーキ(黒糖使用)	1460円

スープカリーオーヤン

Official Site

角煮 1380円。別皿で提供されるのでまずはそのまま肉の味を堪能したい。特製スパイス(奥)を入れて味変するのもおすすめ

スペシャル① 1780円(ココナッツベース+180円)。肉も野菜も盛りだくさんの贅沢メニュー。肉好き専用の「スペシャル②」もある

中華テイストが随所に光るカレー

中国出身の店主オーヤンさんがスープカレーに魅せられて2020年にオープン。中華料理の技法や調味料を駆使し独学で作り上げたカレーは個性的で、随所にほんのりと中華テイストが感じられる。「角煮」は中華料理の東坡肉(トンポーロー)仕立て。しっかり味のついたトロトロの豚バラ肉は単品で主役を張れるクオリティ。あっさりスパイシーなスープともよく合う。「四川風麻香カレー」は花椒が効いたルーカレー。爽やかでしびれる辛さがやみつきになる。女性客にはライスをハート形にしてくれる遊び心も。オーヤンさんの明るく温かい人柄に足繁く通う常連客も多い。2024年5月に移転予定(地図参照)で、メニューもリニューアル。駐車場も3台に増え利用しやすくなる。

四川風麻香カレー 1280円。ベースのルーカレーに花椒を練り込み、仕上げに山椒がたっぷり

札幌市東区伏古7条4丁目1-14
☎011-600-1879
11:00〜21:00
不定休

OTHER
パリパリスパイシーチキン...1480円　　手作り五香ハンバーグ...1380円
海鮮シーフード(エビスープ)...1780円　【11〜14時限定】サラダ&ドリンクセット...250円

スパイス&ラーメン橙

スパイスアンドラーメンオレンジ

Official Site

半熟卵とハンバーグの洋風スープ 850円。平日ランチタイム限定メニュー。他にもお得なランチメニューあり

ブロごぼチキン 1350円。たっぷりの素揚げブロッコリーと、ライスにそそり立つゴボウのから揚げがインパクト大

カリーらぁめん 940円。麺はモチモチの中太ちぢれ麺。具は鶏もも肉、もやし、揚げギョウザなどカレーとラーメンの合わせ技だ

スープカレーとスパイスラーメンの二刀流

かつて白石区にあったスープカレー店「oh!Range（オレンジ）」の支店としてオープンし、スープカレーとラーメンの二刀流で人気を博している。とにかくスープに手をかけ、カレーは「洋風」「和風」「パイタン」、ラーメンは「カレー」「煮干しょうが」「豚骨」の計6種類をそれぞれ別工程で仕込んでいる。それぞれ味わいが全く異なり、洋風はトマト、和風はカツオ、パイタンはコク深さが印象的。卓上には魚粉とマジカルソースが用意され、これらを加えると劇的な味変が楽しめる。熱々の土鍋の器は底が深く、丁寧に調理された具材が盛りだくさんに詰め込まれ立体的な盛り付け。見た目もすごいがそれ以上のボリュームだ。

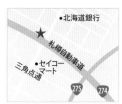

●北海道銀行

★

札幌自動車道

●セイコーマート

三角点通

275　274

札幌市東区東苗穂6条2丁目13-30
☎090-3018-5029
11:00〜15:00、17:30〜21:30／
土・日曜11:00〜14:30、17:30〜21:30
（ラストオーダー各30分前）
※スープがなくなり次第終了
火曜夜定休

OTHER			
とろとろチキン	1170円	柔らかカモ肉ロースト	1270円
肉にく!スペシャル	1760円	豚骨みそ	890円

FAT BAMBOO

ファットバンブー

Official Site

FAT BAMBOOスペシャル 1400円。チキンレッグと白身魚フライをメインに野菜が盛りだくさんのスペシャルメニュー

ひき肉と豆腐の麻婆風 1100円。スープカレーに中華テイストが加わり、リピーターが多い

シンプルにして奥深い。東区の隠れた名店

かつてすすきので夜のみ営業をしていた名店「ALO ALO」出身の田湯諭店主が2006年に開業。アロアロのエッセンスを残しながら独自のカレーを追求している。スープは鶏ガラ、豚肉ブロック、鰹節などで取る濃厚な出汁に丸1日炒めた大量のタマネギを合わせた甘みととろみが特徴。メニューはシンプルで具材もクラシカル。どこか懐かしさを感じる味わいだ。デフォルトで目玉焼きも乗り、見た目以上に食べ応えがある。リーズナブルな価格設定も嬉しい。こぢんまりした店内は席ごとに仕切られていて落ち着くが、3人以上だと席が分かれてしまう場合が多い。不定期で出す限定メニューやスープ切れ情報は公式ブログでリリースしている。

札幌市東区北21条東16丁目2-8
☎080-3231-3104
11:30〜15:00、17:30〜21:00
(ラストオーダー各30分前)
※スープがなくなり次第終了
火曜定休

OTHER			
チキン	1000円	ベジタブル	1000円
フィッシュ	1000円	ポーク（数量限定）	1100円

薬膳カリィ本舗
アジャンタ総本家
やくぜんカリィほんぽアジャンタそうほんけ

Official Site

かしみーるかりぃ 1850円。スープはまろやかで酸味があり、メイン具材はラムミートボール

とりかりぃ 1500円。シンプルな具材構成でスープそのものの味が最も分かる

お店の味を急速冷凍した**とりかりぃ**（1500円）と**アジャンタマサラ**（400円）

スープカレー誕生の一翼を担う老舗

1 971年創業の「アジャンタ」の系譜を継ぐ。厳選したチキンレッグとたっぷりの野菜を使い、時間をかけて取ったスープに、30種類のスパイスと15種類の漢方薬を加えた薬効が高いカレーだ。赤い辛味オイルが印象的なスープはサラッとして豊かな旨味があり、毎朝店で挽くスパイスと漢方は新鮮な香りと刺激がある。辛さ設定はなく卓上の「アジャンタマサラ」で調節するシステム。そのままでも適度な辛さがあるので、辛いのが苦手なら注文時に頼めば調整してもらえる。平日ランチはライス大盛またはコラーゲンエキスの無料サービスあり。1日に提供できるのは50食でスープがなくなり次第閉店だ。遅い時間の来店は電話確認した方がいい。

セブンイレブン　　西友
宮の森・
地下鉄東豊線　北24条通
元町駅　　　　　開成中

札幌市東区北23条東20丁目2-18
☎011-784-8910
11:00〜、17:00〜
※スープがなくなり次第終了。15:00
〜17:00は休憩
月曜定休

骨なしとりかりぃ(数量限定)...	1500 円	野菜かりぃ	1850 円
らむかりぃ(土日限定)....	2250 円	とり野菜かりぃ	2500 円

取材こぼれ話

▶**SoupCurry Beyond Age南19条店**（P42）の「薬膳スープ」は新型コロナ対策として呼吸器系にいい生薬を配合して作られた。

▶**Curry Shop PiPPi**（P20）の店名は、店主の成田さんの高校時代からのあだ名「ピヨ」が由来。

▶今はなき名店・**スリランカ狂我国**の創業者・水谷正巳さんは2003年に「スープカレー北海道」というスープカレーのCDを作った。作詞・作曲・歌・演奏は店のスタッフたちで行った。久保田マコトさん（現・gopのアナグラ店主）が1日で作曲しギターと歌も担当。完成した翌日に収録というスピード制作だった。楽曲は下のQRコードで聞くことができる。

▶**海ぞく**（P125）の店主の田中悟さんと**こうひいはうす**（P25）の店主田中誠さんは実の兄弟。

▶**CURRY ZION**（P143）の田中店主夫妻は飲食店を開くにあたって内装をエスニック系にしたくて、店の雰囲気に合わせてスープカレーを出すことにした。

▶**スープカレー森のバター**（P137）の客席にはミッフィーがいる。

▶**Sapporo soup curry dip**（P59）の夏季限定かき氷はヨーグルト氷を使用し、専門店レベルのクオリティ。マンゴーとミックスベリーがある。

▶**麺処 メディスン麺**（P71）のスパイスラーメンは、スープカレーの失敗作に麺を入れてみたら「意外に合う!」ということで商品化された。

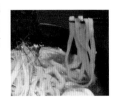

スリランカカレーの店
チャンドリカ

スリランカカレーのみせ チャンドリカ

Official Site

マトンスープカレーセット 1700円。食後にセイロンティーも付く
限定メニューは他にもチキンスープカレーやビリヤニがあり、その
情報はFacebookで告知している

ワンプレートチキン 1100円。混ぜながら
食べ進めるとさまざまな味が広がっていく
野菜カレーの内容は日替わりだ

スリランカテイストの個性派スープカレー

「らっきょ」の系列店のスリランカカレー店。スリランカ人店主のチャンドリカさんが作るマトンスープカレーは不定期で登場するメニューで、スリランカの味をベースに札幌スープカレーの解釈を加えた完全オリジナルだ。とろみがかなり強めのスープはガツンとスパイスが効いていて、マトンの風味が加わり複雑な味わい。ライスに添えた3種類の野菜カレーと混ぜて味変も楽しめる。提供日はSNSで告知する。レギュラーメニューの一番人気はチキンかポークが選べるカレー、野菜カレー、パパダム、サラダなど盛りだくさんのワンプレート。スリランカの家庭料理にハマるファン多し。

チキンスープカレーセット
1500円

伏古公園
●スターバックス
コーヒー
東光小
苗穂神社 ★
セブン
イレブン
89
苗穂通り

札幌市東区本町2条4丁目5-1
☎011-783-1001
11:30〜15:30／土・日曜11:30〜
16:00（ラストオーダー各30分前）
月・火曜定休

OTHER		
ワンプレートポーク......... 1300 円	ミニワンプレート.............. 900 円
チキンカレーセット .... 1000 円	お子様カレー.................... 600 円

麺処 メディスン麺
めんどころ メディスンめん

Official Site

中辛麺　950円。コクと旨味のバランスが最もよく一番人気。納豆トッピングがおすすめ

メディスンマンレトルトカレー（980円）と**メディスンマンホットスパイス**（420円）

スープカレー店の曜日限定ラーメンが独立

中央区の人気店「メディスンマン」が毎週火曜日限定で「メディスン麺」という店名になり提供していたスープカレーラーメンが好評を博し、2020年東区にスパイスラーメン専門店として独立した。透明感のあるスープはトリガラがメイン。メディスンマンオリジナルスパイスの風味と辛さが際立ち、辛くすればコクと旨味も増していく。麺はスープに合わせて吟味した一柳製麺の特注麺だ。辛さのレベルによって7種類のメニューを用意。辛いものが苦手でも食べられるノンスパイスの「白麺」から辛党向けの「激辛麺」、激辛マニア向けオプションで激辛麺の12倍まで対応する。店内ではメディスンマンのレトルトカレーとスパイスも販売している。

OTHER		
白麺	890 円	赤麺 .... 920 円
極辛麺	1110 円	あんかけメディスン丼 .... 970 円

札幌市東区北49条東4丁目1-12
☎011-788-6600
11:30〜15:00、17:00〜20:30
（ラストオーダー20:00）
※スープがなくなり次第終了
水曜定休

か～るま～る

Official Site

ごろごろ角煮とスパイス大根　1450円、ガラナスープ（＋100円）、赤いか～る。副菜は100円～。夏季限定の**アイスチャイ**　300円

ほろほろチキンレッグ　1200円、サグSABAスープ（＋150円）、MIX（＋100円）

スープ・スパイス・辛さのチョイスで味わい無限

最も注文に悩む店と言えるかもしれない。メニューを決めて、スープは基本のオリジナル、SABA（鯖）、ココナッツなど6種、スパイスのタイプは旨味の「赤いか～る」・爽快な辛さの「緑のま～る」・2つを合わせた「MIX」の3種、辛さレベルは10段階（11以上も可）から選んでいく。組み合わせによって味わいは変化。さらにチキンやたくあんのアチャール、スパイス冷やしトマトなど種類豊富な副菜を加えて味変も楽しめる。スープの一番人気はサグ（ほうれん草）とSABAをミックスしたコクと旨味の「サグSABAスープ」、スタッフのイチオシはまろやかな「ガラナスープ」。スパイスタイプはMIXがおすすめだ。何度も通ってベストチョイスを探したくなる。

札幌市白石区北郷3条4丁目11-1
田畑ビル1F
☎011-876-0014
11:00〜20:00
（ラストオーダー19:30）
火曜定休（他不定休あり）

OTHER			
広島産ぷりぷり牡蠣（5個入り）...1400円		ニラとラムひき肉.............1400円	
たっぷり野菜のヘルシーカレー...1250円		イカ墨スープ.................+200円	

72

カレーハウス GARI

カレーハウスガリ

自家製ハンバーグのスープカリー 1210円。平日ランチタイム1100円

やさいのスープカリー 1210円。平日ランチタイム1100円。季節によって入る野菜は異なる

夏は仕入れた野菜を店頭販売している

夏が狙い目!地元の無農薬野菜が盛りだくさん

2000年にルーカレーをメインに開業したが、スープカレー人気が高まり専門店になった。カレー好きな店主が自分好みの味を追求して作り上げたカレーは、牛骨をベースにしたスープにオリジナルブレンドスパイスを合わせて仕上げる。脂を極力使わずアッサリスッキリした飲み口は初めてなのになぜか懐かしさを感じる味わいだ。夏は近所の農園からゴーヤ、大葉、ナス、ズッキーニなどさまざまな無農薬野菜を毎日仕入れるので、新鮮野菜がたっぷりと楽しめる。すべてのカレーにサラダが付くのも嬉しいサービス。店主の奥様の温かな接客とリーズナブルな価格設定も魅力だ。現在地での営業は2024年5月までで、移転を予定している。

OTHER			
チキンスープカリー	1210円	ロースカツのスープカリー	1210円
ロールキャベツのスープカリー	1320円	トントロのスープカリー	1430円

札幌市白石区東札幌2条6丁目5-1
ターミナルハイツ白石206号
☎011-865-8331
12:00～15:00、17:00～20:30／
土日・祝日12:00～20:30
月曜定休

KAWARAYA soup curry
カワラヤスープカレー

Official Site

とりつくねと野菜　1480円。しっかりと味のついた大きな自家製とりつくねは食べ応え十分

豚ころトロカツ
300円。柔らかな角煮の一口カツだ

びっくりメンチカツと野菜　1500円。驚きの大きさのメンチカツはふんわり食感でカレーにぴったり

手作り感満載の古民家スープカレー店

2011年に北広島市で創業し2020年に札幌に移転。店主の川原田初美さん自らリノベーションした店内はどこか懐かしい昭和の雰囲気が漂い、自宅のようにくつろげる。スープはあっさりスパイシー系で、チキンのコク、トマトの酸味、タマネギの甘みが感じられる。具材やスープのおいしさを楽しんでほしいと辛さは最高の10番でも控えめだが、課金なしでそれ以上にも対応する。野菜はいいものを厳選してたっぷり使い、ハンバーグやつくねなどのメイン具材やトッピングも手作りにこだわる。店内にはミシンが置かれ、アパレル経験もある川原田さんが服の直しなどお手頃価格で受けている。

札幌市白石区北郷2条3丁目11-32
東栄荘1F
☎011-376-1441
11:00〜15:00（ラストオーダー14:30）
水・木曜定休

OTHER			
チキンと野菜	1300円	季節の野菜	1400円
お子さまカレー	650円	肉と野菜のSPカレー	1850円

74

札幌アジアンスープカリー べす

さっぽろアジアンスープカリーべす

Official Site

チキン＆かきあげカリー 1280円。王道の柔らかチキンレッグとカレーには珍しいかき揚げの組み合わせが楽しめる

フィッシュフライ＆焼きチーズカリー 1180円（ナリアルスープ＋100円）。ココナッツのナリアルスープはこってりまろやかで特に人気が高い。揚げたてのフィッシュフライとの相性も◎

個性派メニューと豊富なトッピング

白石区の交通アクセスがよくない立地ながら平日でも長い行列ができる人気店だ。鶏ガラをベースに香味野菜と23種類のスパイスで仕上げるスタンダードスープに加え、トマト、スパイシージンジャー、イエローなど全7種類のスープを用意。こってり好き、ココナッツ好きにはナリアルスープがおすすめだ。メイン具材も豊富で、チキンやベジタブルなどの定番に加え、かき揚げやモロヘイヤ、貝など変わり種もあるが、驚くほどカレーに合う。25種類以上あるトッピングは「温トマ焼きチーズ」「ビストロ」など個性派が多くメニュー選びに苦戦するほどだ。日替わりサービスメニューや限定トッピング情報はSNSでチェックしよう。平日ランチタイムはドリンクサービスがある。

札幌市白石区北郷4条6丁目5-15
☎011-879-8151
11:00〜15:30、17:30〜21:00
（ラストオーダー各30分前）
※スープがなくなり次第終了
月・木曜定休

OTHER			
チキンカリー	1180円	ベジタブルカリー	1180円
モロヘイヤ＆アサリカリー	1180円	シーフードカリー	1250円

75

スープカレー
Cayenne ALTERNA
スープカレーカイエンオルタナ

Official Site

ホエー豚ハンバーグスープカリー　1480円
2016年の開店以来、不動の一番人気

活〆炙り真鯛のスープカリー　1380円。パダンカレー（300円）トッピング。ふわっと口でほどける真鯛が3切れも入る

名店の味を受け継ぎさらなる高みへ

惜しまれながら2022年に閉店した「Curryカイエン」の味を受け継ぐ人気店。代表の坂下慶治さんはカイエンの味はそのままに、オリジナリティあふれるメニューを展開する。丸3日かけて出汁を取り、インド直送のホールスパイスを砕いて作るブレンドスパイスで仕上げたスープは深いコクとキレのある辛さ。スープはレギュラーのほか、トマト風味の「クリーミー」、豚の背脂を加えた「オルタナ」の3種類を用意する。大樹町の牧場から直送したホエー豚、鮮魚店での経験を生かして仕入れる新鮮魚介など食材にも妥協せず味を追求。個性的なマンスリーカレーも要チェックだ。

・豊平川緑地
豊平川緑地
・パークゴルフ場
864　南7条・米里通　★
・ラッキー

札幌市白石区菊水元町4条2丁目
1-7 古川ビル1F
☎050-5275-0783
11:30〜15:00、17:30〜21:00
（ラストオーダー各30分前）
※スープ、食材がなくなり次第終了
月曜、第3火曜定休

OTHER		
チキンベジタブルのスープカリー...1280円	ベジタブルのスープカリー...980円
パダン野菜カリー（チキンの無水カレー）...980円	ホエー豚ミックスモツのスープカリー（ランチ限定）...930円

SOUP CURRY Spice & mill

スープカレースパイスアンドミル

Official Site

じっちゃんの百年味噌カレー　1320円。味の決め手となるみそは、店主の曽祖父が創業した「マルセイ醤油」のみそを使用

北海道味噌スープカレー　860円。レトルトカレーは空港でも販売しているが店で買う方がお得

野菜たっぷりカレー　1300円（ベジタブルスープ）。この組み合わせで1日分の野菜が摂れる

おいしい野菜をたくさん食べよう

野菜のおいしさを堪能できるカレーだ。子どもにも安心して食べてもらえるよう可能な限り道産か国産の良質なものを選び抜き、季節によって店主夫婦で収穫した野菜も使っている。スープは2種類あり、とことん野菜を楽しむなら「ベジタブル」がおすすめ。ポタージュのようなとろみがあり、旨味と甘みが濃厚だが後味は軽い。「オリジナル」は野菜、豚骨、魚介の出汁がベースでサラッとしている。オーガニック豆を使い1杯ずつ丁寧にいれるサイフォンコーヒーもおすすめ。2023年にリニューアルした店内は明るく清々しい雰囲気。カウンター席、テーブル席、広い小上がりもあり子ども連れでもくつろげる。気さくで温かい接客も心地良い。

札幌市白石区本通11丁目北2-1
☎011-846-0009
11:00〜15:00、17:00〜21:00
（ラストオーダー各30分前）
火曜定休

OTHER		
ジューシーチキンカレー…1150円	手ごね豚ハンバーグカレー…1250円
鴨スモークとネギだく（チーズ）カレー…1300円	きっずかれー…幼児用350円、お子様用600円

はりまや

Official Site

薬膳スタイル（ポーク）　1100円。パクチー
とスパイス玉子がいいアクセント

はりまやバクテーSP　1380円。道産豚ス
ペアリブを使用。味も彩りも豊かな一皿

バクテーベースの個性派スープ

2022年11月オープン。札幌で唯一「肉骨茶（バクテー）」というシンガポールやマレーシアのスープ料理をベースにしたカレーを提供する。サラサラのスープタイプの「薬膳スタイル」は東南アジアを思わせる独特のスパイス感が印象的。メイン具材はチキン、ポーク、ネバネバから選べるが、ポークがおすすめ。骨付きのスペアリブはほろりと柔らかく、スープにコクを加える。一番人気は「はりまやバクテーSP」。複雑な旨味とスパイスの効いた粗びきのキーマカレーで、脇を固める副菜やパクチーと一緒に食べると味が多彩に変化する。「薬膳スタイル＋キーマ」はスープとキーマの両方を楽しめる。すべてのカレーにパクチーが付くが、注文時に抜くこともできる。

JR白石駅
ローソン
水源地通
★柏丘中
〒
平和通
12
本通小
JR平和駅

札幌市白石区平和通8丁目北1-5
☎090-7058-4151
11:00〜15:00、17:00〜21:00
木曜定休

OTHER			
キーマカレー	1200円	薬膳スタイル＋キーマ	1400円
はりまやジャークチキン	1280円	薬膳スタイル	1100円

ポレポレ

Official Site

スリランカ 1570円。不動の一番人気。ライスに添えられたレモンとマンゴーピクルスの酸味がカレーのいいアクセント

白身魚フライベジタブル 1520円。揚げたての大きなフライが別皿で提供される

厳選食材をシンプルなスープで味わう

1978年、まだ札幌に数件しかなかった頃に創業した老舗のひとつ。和出汁がベースのスープは脂分控えめでアッサリ。一口目は物足りなさを感じるかもしれないが食べるにつれて旨味とスパイスの辛さと風味が感じられる。希望者には自家製のカスピ海ヨーグルトをサービス。スープに混ぜるとまろやかさとコクが出る。道産の低農薬米、長沼町の平飼い卵、契約農家から仕入れる野菜などを選び抜いて使用。スープがシンプルなだけに食材の良さが際立つ。サラダとドリンクが付いたお得なセットメニューも用意。日祝以外のランチタイム（14:00まで）はカレー100円引きだ。ログハウスの店内は木の温もりにあふれ、ゆっくりと食事が楽しめる。

白石南公園

セブンイレブン　地下鉄東西線
南郷18丁目駅
★
東北通　コープさっぽろ

札幌市白石区栄通17丁目1-26
☎011-851-0086
10:30〜20:00
※スープがなくなり次第終了
水・木曜定休

OTHER			
チキン	1360円	ベジタブル	1280円
ソーセージベジタブル	1680円	キッズカレー	880円

MAGIC SPICE 札幌本店
マジックスパイスさっぽろほんてん

Official Site

北恵道 1360円。チキンとたっぷりの道産野菜で一番人気

フランクナガイ 1320円。行者にんにく入りのハーブソーセージは香り豊か

スープカレーの名付け親。歴史はここから始まった

札幌・東京・大阪に店を構える老舗にして屈指の人気店。創業者の下村泰山さんは東南アジアとマレーシアを渡り歩き、インドネシアのスープのソトアヤムをベースに体に優しい料理を追求。「スープカレー」と名付けて店を開いたところ瞬く間に人気店に。それと共にスープカレーという言葉も広まっていった。脂を控えめにして野菜は一口サイズで豊富な種類をたっぷりと。透明感があり優しいコクが感じられるスープは辛さを上げると旨味も増していく。7段階のうち4番目の「涅槃（ねはん）」がお店のおすすめ。卓上には辛さと風味を調整するスパイスと味変アイテムの「マジック酢」があるのでお試しを。豊富なメニューとトッピングに加えて限定コラボメニューも用意。

札幌市白石区本郷通8丁目南6-2
☎011-864-8800
11:00～15:00、17:30～22:00／
土日・祝日11:00～22:00
水・木曜定休

OTHER		
チキン	1140円	ベジタブル ... 1140円
モモ	1200円	スペシャル海鮮カレー ... 2120円～

MOON36
ムーンさんじゅうろく

Official Site

チキンやさいカレー　1100円。具が沈む
ほどスープがなみなみと注がれる

ベーコンエッグカレー　900円。玉ねぎのア
チャールとザンギトッピング（各100円）

ホールスパイスが織りなす圧倒的スパイス感

2009年から約1年間月寒の自転車店内で営業し、2019年に現在地に移転復活した。土〜月曜の週3日、ランチタイムだけ営業している。「1人で趣味としてやってる店です」と岩田優店主は言うが、脂分は控えめで食べ進むうちに旨味が増してくるスープ、シンプルな具材構成、ホールのまま惜しげもなく投入されるスパイスの量、ホールスパイスを噛み砕いたときに押し寄せるさまざまな食感と香りはスープカレーマニアの心をわしづかみにする。辛さ設定は1〜4で3までは辛さ控えめだが4はいきなり激辛になるので注意。ワンオペゆえ接客に時間がかかることも。4人がけのテーブル席が2つの小さな店なので、相席にご協力を。

月寒川　白石東公園　道央自動車道　平和通　★

札幌市白石区平和通16丁目北2
☎なし
11:30〜15:00
※具材切れで終了する場合あり
火〜金曜定休（他不定休あり）

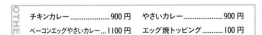

OTHER			
チキンカレー	900円	やさいカレー	900円
ベーコンエッグやさいカレー	1100円	エッグ焼トッピング	100円

SAMA 大谷地総本店
サマおおやちそうほんてん

Official Site

総本店DXカレー　1800円。チキンかハンバーグを選べる（写真はチキン）

柚子胡椒風味セセリと舞茸カリー　1600円

自家製ラッシーはプレーン、マンゴー、キウイなど5種類。カレーとセットで200円引き

スープカレーを日本の食文化に

厚別区の総本店をはじめ道内外に15店舗を構え、「スープカレーを日本の食文化に！」を目標に掲げる。タマネギの粒感とトマトの酸味が効いたトマトスープを中心に、ココナッツのクセを抑え、食べやすく仕上げた「ココナッツ」「あっさり」「海老」「クリーミー海老」の5種類のスープがある。メニューは全店共通のほか、店舗限定や各店舗マンスリーなど、バラエティ豊かなラインナップ。具材はゴロゴロと大きく濃厚なスープに負けない力強さで食べ応え十分。スープカレー初心者をはじめ、幅広い年代に受け入れられる味わいだ。デリバリーやテイクアウト、レトルト販売にも力を入れている。

札幌市厚別区上野幌1条2丁目4-43
☎011-894-2247
11:30～15:00、17:00～21:30
（ラストオーダー各30分前）
第2水曜定休

OTHER		
チキンカリー.................. 1350円	17品目の彩り農園野菜カリー... 1450円
ホルモンチーズ納豆カリー... 1550円	キッズカリー.................. 900円

CURRY LOOK-KA PYPY

カリールッカパイパイ

Official Site

チキンベジタブルカレー 1090円。不動の一番人気。下味が付いたやわらかなチキンレッグがスープにコクをプラスし、野菜の甘さがスープのキレを引き立てる

ネヴァーカレー 950円。鶏ひき肉をメインに、オクラやめかぶ、なめこなどのネバネバ食材が入りスープにうまみととろみが出る

鮮烈なスパイス感と心地良い辛さ

2001年創業。メニューはチキンを中心に、ベジタブルやキノコのバリエーションで10種類を用意する。スープはサラサラでシンプル。粗めに砕いたホールスパイスが入り、食感や風味、辛さが鮮やかに感じられる。もっと刺激を求めるならトッピングの「にんにく増し」「しょうが増し」「ピッキーヌマサラペースト」がおすすめだ。ねばりのある食材がたっぷりの「ネヴァーカレー」も人気。とろみの強いスープが具と一体となって口の中に滑り込む食感と味わいが快感だ。卓上のガラムマサラふりかけとルッカパイパイ酢で味変も楽しんでほしい。

ガラムマサラふりかけとルッカパイパイ酢

KKR札幌医療センター ★
GS
白石・中の島通
地下鉄南北線
平岸駅 453
平岸通
89 環状通

札幌市豊平区平岸3条6丁目6-20
☎011-842-8680
11:30〜15:00、17:30〜20:00
（ラストオーダー各30分前）
※スープ切れ閉店あり
木・金曜定休

カレーリーブス

Official Site

チキンほうれん草カレー（1350円）に**チーズ**（220円）と**焼ポテト**（160円）をトッピング。分厚いチーズと香ばしいポテトは人気のトッピングだ

ココナッツ・ファイヤー 1420円。最も辛いメニュー「ザ・ファイヤー」にココナッツを加え、辛さとまろやかさが混在する

インドとルーのエッセンスを加えたスープカレー

まだスープカレーがマイナーなグルメだった1996年に創業。店主の千田浩正さんは自分が食べたいと思う味を追求。スープカレーになじみがなくても受け入れやすい味わいを狙い、インドカレーの複雑なスパイス感と、どこかルーカレーの親しみを感じる個性的なスープカレーを作り上げた。メニューはチキンをメインに野菜との組み合わせのバリエーションで14種類。チキンは毎日仕入れる知床産の若鶏を、注文を受けてから皮をパリパリ、肉はジューシーに焼き上げる。野菜などトッピングの調理も丁寧で盛り付けも美しい。固めのターメリックライスは北竜町産の農薬節減米だ。辛さは卓上のカイエンペッパーで調整を。店前に2台、裏に4台駐車スペースがある。

西岡図書館・ 水源池通
ローソン・
・ザ・ビッグ
札幌大学 ★ 月寒川

札幌市豊平区西岡4条7丁目7-10
☎011-856-4447
11.00〜18.00
水曜定休

OTHER			
チキンカレー	1020 円	野菜カレー	1220 円
ココナッツチキン野菜カレー	1420 円	王様カレー	1630 円

スープカリー 藍色

スープカリーあいいろ

撫子色 1490円。14種類の厳選した野菜がメイン。盛り付けの美しさにもこだわっている

紅葉色 1590円。マイタケ、シイタケ、キクラゲが入り、ライスには自家製スパイシーなめ茸が付く。メニュー名はすべて日本の伝統色

日本一行きにくいスープカレー店

2017年のオープン以来、高い人気を誇る1店。2日間強火で煮込む動物系スープと魚介中心の和出汁のダブルスープはこってりした口当たりだが後味はすっきり。スパイスも角が立たない優しさがあり、具材を引き立てるよう計算されている。野菜は直売所や契約農家から厳選されたものなどを使用。米は選び抜いた東神楽産のななつぼし。食材の下処理や調理にも妥協せず手間をかけているのがルックスから感じられる。「スパイスだけではなく具材も楽しむカレーです」と店主の佐藤洋介さんが言い切るのも納得だ。西岡橋高架下という分かりにくい立地で、カーナビの案内が橋の上で終わってしまう可能性があるので注意。

札幌市豊平区福住2条10丁目1-3
西岡橋高架下1F
☎011-376-1618
11:29〜15:00、17:29-20:30（ラストオーダー各30分前）※スープがなくなり次第終了　不定休

SOUP CURRY KING 本店

スープカレーキングほんてん

Official Site

チキン野菜カリー 1700円。定番のチキンに11種の野菜をプラス

店内でレトルトカレーも販売
1020円

ラム野菜カリー 1850円。本店限定メニュー。ご馳走感のある塊のラムはスプーンでほぐれる柔らかさ

Wスープの旨味とスパイスの調和

札幌市内に3店舗を展開し、いずれも行列のできる人気店の本店。豚骨や鶏ガラの動物系と昆布や煮干しなど魚介系のダブルスープにスパイスが絶妙に調和。ほのかに和を感じるオリジナリティあふれるスープに仕上がっている。ラムは赤ワインとショウガで、牛すじは和風出汁で煮込む、シーフードはバターソテーするなど、具材も丁寧に調理されていてスープとのバランスも抜群。完成度の高さは札幌でもトップクラスだ。3店それぞれ異なるマンスリーカレーや限定カレーも用意し、ホームページで告知しているのでご確認を。毎月13日はクーポンがもらえる「KINGデー」を実施している。

札幌市豊平区平岸3条16丁目1-1
☎011-821-0044
11:30〜15:30、17:30〜21:30(ラストオーダー各30分前)／土日・祝日11:30〜21:30(ラストオーダー21:00) 不定休

チキンカリー.................... 1300 円	野菜カリー....................... 1350 円
ポーク角煮野菜カリー ... 1750 円	シーフードカリー............. 2000 円

スープカレー店34

スープカレーてんサーティーフォー

Official Site

ラムジャムボールカレー(数量限定) 1480円。ジャークチキン味のミートボールはプリプリ食感で羊の風味が濃厚

ジャークチキンカレー 1280円。ジャマイカ産のスパイスやハーブの効いた複雑な味わいのチキンが魅力

ジャークチキンの素 990円。肉を一晩漬け込んで焼くだけで本格ジャークチキンの味に

毎日食べられる町のスープカレー食堂

毎日食べても飽きない・体に優しい・リーズナブル」がコンセプト。鶏ガラをベースに和風ダシを加えたスープは脂控えめのスッキリした飲み口で、ホールからひいて作るブレンドスパイスの辛さと風味が立つ。おすすめの辛さは5〜7番で、辛さを上げるとコクとうまみもアップする。オリジナルシーズニングを使ったジャークチキンやザンギ、牛100％の手ごねハンバーグなど具材やトッピングは手作りにこだわり、丁寧に調理する。卓上の「ごはん塩」をライスに振ると甘みが増すのでお試しを。マンスリーカレーや限定トッピング、追加辛味スパイスなども用意し常連を飽きさせない。夜はスープ切れで閉店することも多いので、電話確認がおすすめ。

札幌市豊平区平岸2条3丁目2-20
☎011-824-6551
11:00〜14:00、17:30〜20:00
※スープがなくなり次第終了
水曜定休

OTHER		
チキンと季節野菜のカレー... 1380円	ハンバーグと季節野菜のカレー... 1480円
野菜カレー...................... 1080円	ジャンギカレー 1280円

スープカレー flu-ffy

スープカレーフルゥフィ

Official Site

オマール海老ビスクソースとココナッツミルクのスープカレー 1760円。オマール海老のビスクに魅せられるファンが多数。一番人気メニューだ

ほろほろチキンのスープカレー 1100円。低温調理のチキンレッグはしなやか。スープはイタリアントマトの酸味が効いている

元フレンチシェフが創造する個性派カレー

地下鉄東豊線豊平公園駅から徒歩約10分、国道36号沿いにあり、壁を覆うツタが目印だ。オーナーの山中旬一さんはフレンチの経験を持ち、独学で作り上げたカレーにはビスク、低温調理、ブーケガルニを使うブイヨン、柔らかく煮た牛肉や自家製ハンバーグなどの具材に至るまで、随所にフレンチの技法が取り入れられている。洋食寄りの味が女性に好評で、7割が女性客だ。辛さは小辛〜激辛5番まで8段階あるが、旨味が強いので小辛でも十分な満足感がある。全品7種類の野菜とライスが付く。赤い片手鍋を使った器やDANSKの皿など食器やカトラリーにもこだわりが光る。店内にはマイクやギターが置かれ、山中さんの音楽仲間がライブを行うことも。

札幌市豊平区美園3条2丁目2-2
☎080-4048-9391
12:00〜15:00、18:00〜20:00
（ラストオーダー各30分前）
月曜定休（祝日の場合は翌日休み）

20種類のお野菜スープカレー... 1320円	豚角の柔らか煮スープカレー... 1290円
牛肉のトロトロ煮スープカレー... 1430円	ラム肉ジンギスカンのスープカレー... 1540円

スープカレー 四つ葉

スープカレーよつば

Official Site

四つ葉盛り 2200円。チキン、角煮、ザンギ、豚しゃぶに野菜がたっぷりの贅沢メニュー

オクラ納豆 1200円。納豆とトマトの組み合わせは驚くほど好相性

圧倒的トマト感にハマる人続出

2020年のコロナ禍真っ只中でのオープン。当初はデリバリーとテイクアウトが中心だったが、口コミで人気が高まりイートインも増えている。特筆すべきは圧倒的なトマトの存在感。口にした瞬間トマトの酸味と甘味がガツンと来るが、その後すぐにスパイスが追いかけてきて脳がカレーと認識する。個性的ゆえ好みが分かれるが、トマト好きにはたまらない味だ。プラス100円でルーカレーに変更もOK。パリパリの皮が香ばしいチキン、3時間煮込んで味のしみたトロトロ角煮、サイドメニュー一番人気のザンギ、やわらかな豚しゃぶなど具材にもこだわり調理に手をかけている。店は国道36号に面したビルの地下にあり、建物の裏側に駐車場がある。

札幌市豊平区月寒中央通10丁目6-34
壺屋ビルB1F
☎011-312-4788
11:30~15:00、16:00~22:00
（ラストオーダー各30分前）
不定休

OTHER			
パリパリチキン	1300円	豚しゃぶ	1300円
ベジタブルキノコ	1400円	自家製ザンギ	1500円

ハンバーグのスープカリー 1300円（マイルド）。180グラムのハンバーグは食べ応え十分

牛シマチョウのスープカリー 1880円。しっかり味のついた肉厚で甘い脂身のシマチョウがスープに深みを与える

Dutch-Oven.
ダッチオーブン

Official Site

スープもルーもハンバーグ推し

豊 平区羊ヶ丘通り沿いに建つ趣きのある一軒家。丸鶏と香味野菜などをじっくり煮込み、低温熟成を繰り返して仕込む無添加のスープはコク深く、スパイスの辛さと風味がストレートに感じられる。辛さはマイルド、中辛、辛口1～5番があり6番以上は＋200円。マイルドはミルクが入るが甘くはなく、スパイスが効いた優しい辛さが広がる。イチオシメニューは手造りのハンバーグ。表面がこんがり焼かれ肉汁たっぷりのフワフワ食感で、道産豚と炒めタマネギの甘みが広がる。スープともルーとも相性抜群だ。あまりの人気にハンバーグを商品化し、店頭の冷凍ケースで販売している。

骨付きチキンルーカリー 1200円

札幌市豊平区福住2条4丁目2-24
☎011-598-7798
11:30～14:00、18:00～20:00
※スープがなくなり次第終了
月曜定休（祝日の場合は翌日休み）

OTHER		
チキン野菜のスープカリー...1200円	ハンバーグルーカリー.....1300円
やさいのスープカリー.....1250円	手造りハンバーグ(540g)...1200円

Rojiura Curry SAMURAI.平岸総本店

ロジウラカレーサムライ.ひらぎしそうほんてん

Official Site

侍.まつり(3種) 1760円。黒板メニューから好きな具材を選べる（写真はエビ、ブロッコリー、炙りチーズ）

侍.ザンギ＆チキン1/2と野菜 1430円。定番人気のチキンレッグとザンギが一皿で楽しめる

故郷・士別の野菜がたっぷり。全国展開の有名店

2007年に平岸で14席の小さな店から始まり、現在全国に19店舗を構える。一番のこだわりは野菜。創業者の川端昌志さんの実家の農家をはじめ、士別と名寄の契約農家から直送する野菜をふんだんに使用している。デフォルトで12種類入り、蒸す・ゆでる・揚げる・出汁で煮るなど野菜ごとに下処理を変える。特筆すべきは苦手な野菜を好きなものに何品でも変更できること。スープは化学調味料、小麦粉、油は使わず大量の野菜・鶏ガラ・煮干しなどを丸2日煮込んだブイヨンにタマネギやトマトを加え、甘みと旨味を重視して仕上げた万人向けの味わいだ。「士別サムライブルワリー」のクラフトビールもそろえる。サムライだけで飲めるレアなビールだ。

GS
ザ・ビッグ
地下鉄東豊線
豊平公園駅
文教堂
平岸通
★
ファミリーマート
ピザハット

札幌市豊平区平岸3条3丁目2-3
☎011-824-3671
11:00〜15:30、17:00〜21:00
（ラストオーダー各30分前）
不定休

OTHER			
チキンと野菜	1430円	一日分の野菜 20品目	1485円
豚角煮と野菜	1430円	チキンと一日分の野菜20品目	1815円

x

x

91

カレー気分

カレーきぶん

ミックス 1360円。チキン、ポーク、ラムが1皿で楽しめる

チキンやさい 1320円。基本の野菜にタケノコ、ナスなどさらに6種類の野菜が入る

ドライカレー 1150円。ヨーグルト付き

清田区で愛され四半世紀

1999年創業。夫婦2人で営むアットホームな雰囲気に長く通うファンが多い。スープはサラサラで、トリガラと香味野菜の出汁とスパイスのバランスが良くスッキリした味わい。食べるほどにじわじわと旨味と辛さが感じられて飲み飽きない。余計な筋や脂を除いた骨なしの知床鶏、スパイシーで風味豊かなラムのミートボール、とろりと半熟に仕上げた丸ごと1個のゆで卵など、シンプルだが随所に丁寧な仕事が感じられる。辛さは0〜30番までで、12番（激辛）まで無料。卓上の辛味スパイスで調整も可能。ドライカレーも密かな人気。平日ランチタイム（11:30〜14:15）はカレー全品50円引きだ。

・ツルハ
・カウボーイ
・サンドラ
清田通・GS
東北通
北野西公園
清田通
〒
セブンイレブン
アイランドやまがみ
厚別川

札幌市清田区北野6条2丁目11-4
尾崎ビル1F
☎011-885-6331
11:30〜14:30（ラストオーダー14:15）／17:00
〜20:00（ラストオーダー19:15）、土日11:30〜
20:00（ラストオーダー19:15）　水・木曜定休

OTHER			
チキン	1140円	やさい	1140円
ラムやさい	1400円	ひき肉やさい	1380円

スープカリィの店 ショルバー

スープカリィのみせショルバー

タチカリー　1280円。プリプリのタチは旬に1年分を仕入れている

スペアリブカリー　1330円。しっかり味が付いた巨大な骨付きスペアリブが2本

アッサリ・スッキリ・スパイシー

4　7歳で脱サラしタイのホテルで修行を積んだ店主が2000年に創業し、1人で切り盛りする清田区の名店。トリガラや昆布をベースにしたスープはスッキリと澄んで脂がほぼなく塩分も控えめ。最初物足りなさを感じるかもしれないが、具材の旨味やカルダモン主体のスパイスの風味がストレートに感じられるカレーだ。具もスープもたっぷりで見た目以上のボリューム。辛さとライスの量は4段階から無料で選べる。平日ランチタイムはサラダとソフトドリンク付きの「日替わりランチ（限定20食）」がお得。寡黙に見えるが実は話好きな店主の気さくな人柄がアットホームな雰囲気を醸し出す。

札幌市清田区平岡5条4丁目11-26
☎011-882-2229
11:00～15:00、17:30～22:00（ラストオーダー21:30）／土・日・祝11:00～22:00（ラストオーダー21:30）
月曜夜・火曜定休（祝日の場合は営業）

チキンカリー	1060円	日替わりランチ	1080円
シーフードカリー	1260円	スペシャルカリー	1280円

OTHER

スープカレー
トムトムキキル

Official Site

チキン 1480円。軽く下味のついた柔らかなチキンレッグは鉄板のおいしさ

ニラキーマ豆腐 1480円。スパイスマニア向けの「パンジャビスープ」とばら海苔トッピングがおすすめ

「カレーバカ」がバカ正直に作る絶品カレー

カレーが好きすぎて毎日カレーが食べたくて店を開いたという自称「カレーバカ」の松原崇弘店主。丸鶏と鶏ガラ・牛骨・香味野菜・スパイス・ハーブを丸1日煮込んだ、あっさりしつつ滋味深い無化調のスープは「スタンダード」をベースに4種類を用意。メニューはチキン、ベジタブルなどシンプルだが、頻繁に繰り出すバラエティ豊かな限定カレーや月1回のルータイプのカツカレーが足繁く通う常連をも飽きさせない。松原店主はかなりの面白キャラ。店内のメニュー表やSNSで常にユニークな発信をしているが、常に進化を目指して真面目にカレーと向き合っている姿勢が味に出ている。

札幌市清田区清田3条2丁目14-15
☎011-881-6280
11:00～15:00、17:30～20:30
(ラストオーダー各30分前)
月曜・満月の日定休
(祝日の場合は翌日休み)

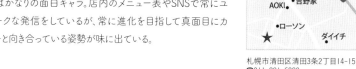

OTHER			
ベジタブル	1340円	ポーク	1580円
ココナツ納豆キーマ豆腐	1510円	ばら海苔トッピング	160円

南インドスープカレー
天竺 清田本店
みなみインドスープカレーてんじくきよたほんてん

Official Site

北海道マハラジャカレー 1540円。大ぶりの知床産チキンレッグを中心に野菜がたっぷり入った看板メニュー

シシカバブカレー 1320円。スパイスの効いたラムのつくねがスープに深みを与える。羊好き・スパイス好きにおすすめ

サラサラスープの熱さと突き抜けるスパイスの刺激

1997年に、南インドスープカレー専門店として創業した老舗。鶏ガラと野菜ベースのスープはサラサラ系で23種類をブレンドしたスパイスが際立つ。提供されてからしばらくの間グツグツと煮立つ熱さとキレのある辛さのダブルパンチが爽快ですらある。知床産チキンや野菜など道産食材を豊富に使い、メイン具材によって野菜の構成を変えたり、約30種類のトッピングを用意したりと随所にこだわりが感じられる。マンスリーカレーやきまぐれトッピングが常連を飽きさせない。注文はQRコードを読み込んでスマートフォンで行うシステムだ。ネット通販サイトもあり、冷凍カレーやスパイスセットを販売。自宅で天竺の味が楽しめる。

札幌市清田区平岡1条1丁目7-1
☎011-802-5175
11:00〜20:30(ラストオーダー)
火曜定休(祝日の場合は営業)

OTHER		
北海道ポーク角煮カレー...1430円	大海老カレー.................1870円
今月のカレー..................1320円	天竺冷凍スープカレーチキン...1300円

95

虎 -TORA-
とら

Official Site

虎王（980円）と**中ライス**（150円）。最後に残ったスープにライスを投入しておじや風にするのもおすすめ

海老しじみ醤油　980円。シジミの出汁醤油と自家製エビ油がポイント。深いコクと濃厚な旨味が楽しめる

KINGとコラボしたカレーラーメン

市内屈指の人気を誇るラーメン専門店「虎」と「SOUP CURRY KING」がコラボして作った限定ラーメン「虎王（トラキング）」が大ブレイク。ファンの要望に応えて復活しレギュラー化したという経緯を持つ。虎の看板メニューのひとつでもある濃厚魚介塩味の「琥珀」のクリーミーな白湯スープにKINGのスパイスを加え、両店それぞれの魅力が際立ちながらも融合していて完成度が高い。ラーメン好き・カレー好き両者から絶賛され、数あるメニューの中でトップ3に入る人気を得ている。他にも魚介醤油「濃厚鯱」、辛い塩「赤虎」などパンチが効いた個性的なメニューを揃える。店内はコカコーラ、クレイジーケンバンドなど店主のKENさんのコレクションが飾られている。

ラルズ・　・DCM
　　　・文教堂
三菱・　セイコーマート
　　清田通・北野通
　　　北野平小　★　厚別川
　　北野中・

札幌市清田区北野3条3丁目15-30
☎011-376-0730
11:00～15:00、18:00～21:30
（ラストオーダー各30分前）
第1・第3水曜、木曜、第2・第4水曜夜定休

OTHER	琥珀	980円	虎そば	980円
	味噌	980円	ちび虎（醤油・塩）	500円

木多郎 澄川本店

きたろうすみかわほんてん

Official Site

ベーコンエッグやさい 1250円。トマト、菜の花、エッグのイタリアンカラーが美しい

かきたま 1250円。絶妙な火入れでトロリとした食感のカキが4つ。菜の花のわずかな苦みがアクセント

レジェンドが現役で腕を振るう名店

1 985年に澄川で創業。札幌スープカレーのパイオニアと言える店だ。創業者にして今も厨房で腕を振るう木下雅夫さんはトマトベースのスープと、素揚げした野菜をスープカレーに取り入れた元祖だ。丸鶏・ゲンコツの動物系と昆布や椎茸などの和出汁のダブルスープはコクがあり、トマトの酸味が効いてスッキリした飲み口。そこに彩り豊かな具材の旨味、スパイスの風味と辛さが加わり食べ手の心を惹きつけてやまない。人気店ゆえ行列は必至。木下さん1人で仕込みから調理までこなすので量が限られる。昼は早いときで13時には閉店するので要注意。

★ セブンイレブン
西岡中央公園
コープさっぽろ
望月寒川
澄川通
福住・桑園通
DCMホーマック

札幌市南区澄川6条4丁目2-1
☎011-814-1203
11:30〜14:00、17:30〜20:00(ラストオーダー30分前)※スープがなくなり次第終了
日曜・第2土曜、連休になる祝日、水・土曜夜定休

OTHER	チキン	950円	チキンやさい	1250円
	やさい	1150円	かきやさい	1350円

SOUP CURRY ESOLA

スープカリーエソラ

Official Site

ヤサイ野菜 1380円。イノセントのスッキリと穏やかなスープが盛りだくさんの野菜を引き立てる

キノコと挽き肉とキクラゲのカリー 1200円（蘇生スープ＋180円）。キノコと鶏のひき肉の旨味がスープに複雑さを与え玄人好みの味わい

ガーデンショップに隣接する隠れ家

澄川の住宅地にひっそりと佇み、同じ建物にあるガーデンショップが秘密の花園に迷い込むようなアプローチを演出する。2012年の開店から研究を重ねてスープやメニューを変えてきた。現在のスープは「大人のスープカリー」をコンセプトにしたスッキリとしてビターな「イノセント」、ココナッツ系の濃厚な「ヒマワリ」、複雑なスパイス使いの「蘇生」の3種。スパイス重視でシンプルながら奥深い味わいを追求し、具材との調和も取れた完成度の高いカレーだ。土日は月替わりの限定メニューが登場。ライスにはピクルスやディップなど4種類の副菜が付く。4種類のスパイスカレーから2種類選べる「スパイス・ペアカレー」も人気。

札幌市南区澄川5条11丁目4-24
☎011-212-1520
11:30〜20:30
（ラストオーダー20:00）
※スープがなくなり次第終了
月曜定休（祝日の場合は営業）

OTHER			
チキンカリー	1100円	ラム挽き肉とほうれん草のカリー	1300円
ポーク野菜カリー	1430円	スパイス・ペアカレー(カレー2種)	1400円

スープカリー 藤乃屋

スープカリーふじのや

Official Site

ココナッツ味のチキン 1250円（カツオプレミアム＋100円）。カツオの旨味と風味豊かなお店イチオシのスープはココナッツ味に深みを加える

コーヒーにもこだわっていて、店内でオリジナルの「藤乃屋珈琲」を販売している

パイクー 1180円。とろとろプルプルの豚軟骨の煮込み。肉もたっぷり付いている。1日10食限定

王道カレーを堪能できる藤野の雄

2005年創業。地元客はもちろん観光客もわざわざ足を運ぶ人気の老舗だ。サラリとしたスパイシーなスープの味の決め手はタマネギ主体で2日かけて作るカレーペースト。辛くすれば旨味も増すので辛めの注文がおすすめ。レギュラーの他に「豚鶏」「カツオプレミアム」「エビ」「ミソ」とスープのバリエーションが個性的。ココナッツやトマトクリームのスープトッピングもあり、具材との組み合わせで多彩な味わいが楽しめる。豚スネ肉やハンバーグ、つくね、春は山菜などの限定カレーもあり、壁に貼られるので要チェック。平日15時まではソフトドリンク付きのランチセットがお得だ。

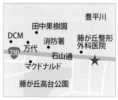

札幌市南区藤野3条2丁目1-53
☎011-593-7170
11:30〜22:00
（ラストオーダー21:00）
月・火曜定休

OTHER	骨付きチキン...................	1150円	ベジタブル......................	1150円
	ラムステーキ...................	1300円	スープカリーランチセット...	950円〜

ModanTime
モダンタイム

Official Site

スープカレー　1100円。チキンと野菜の定番メニュー。辛さやライスの量は注文時に聞いてくれる

ザンギ（別皿）　500円。単品では一番人気。2個300円もある

今はなき名店の味を受け継ぐ

地下鉄南北線澄川駅から徒歩数分の雑居ビル3階にあるライブバー。店主のMarioさんはかつて豊平区にあった人気スープカレー店「棗や」の店主とバンドメンバーで、レシピを受け継ぎ復活させた。閉店から10年以上経ち味は変わっているというが、根底に棗やのDNAを感じる。スープカレーをベースに作るルーカレーも人気が高い。Marioさんのワンオペで1皿ずつ丁寧に作るので状況によって提供に時間がかかることも。スープカレーを提供するのは毎週水・木曜日の夜と月初めの金～日曜日の昼と夜。ライブが入るとカレーは休みで、詳細はインスタグラムで告知しているので要チェック。

札幌市南区澄川3条2丁目5-17
ハイツリービル3階
☎非公開
水・木曜17:30～21:00／月初めの金～日曜11:00～14:30、17:30～21:00　ライブのある日カレーは休み

OTHER			
シーフードのスープカレー ... 1400 円		ぷりぷりチキンとゴロゴロ野菜のスープカレー ... 1100 円	
ザンギ in スープカレー ... 1300 円		ラッシー .... 300 円	

AJITOHACHAM

アジトハチャム

Official Site

バイクきのこカレースパゲッティ 1200円。トロプル食感の豚軟骨が絶品。卓上のカルダモンパウダーをかけると風味が増す

豚スネ肉スパイシー煮込 480円。スープカレーの具を単品で提供。長時間煮込んだ豚のすね肉は驚くほどの柔らかさ

チキンベジタブルカリー 1350円。チキンレッグと13種類の野菜が入った不動の一番人気

カレーと一品料理で一杯!

2 023年にリニューアル。カレーの他に一品料理とお酒のメニューを増やし、ダイニングバー的な雰囲気に生まれ変わった。カレーは水や食材を吟味し、注文を受けてから肉や野菜を切るなど手間を惜しまず、一皿ずつ丁寧に調理。スープはとろみが強く濃厚だが後味はすっきり。このスープを生かしたオリジナルメニューのパスタも人気だ。麺にスープがとろりと絡み、具材との相性も抜群。最後はライスを入れてリゾット風に。夜は「豚スネ肉スパイシー煮込」など、カレー店ならではの一品で飲む常連客も多い。お得な宴会コースも用意している。

札幌市西区発寒12条3丁目4-13
安住ビル1F ハツキタミニマルシェ内
☎011-663-8363
11:30〜15:00、17:00〜22:00(金曜は〜24:00)／土曜11:30〜24:00(日曜・祝日11:30〜22:00 火曜定休(他不定休あり)

OTHER			
チキンカリー	1050円	ラムキーマスープカリー	1300円
ベジタブルカリー	1050円	カレー屋流レモンサワー	390円

101

IN CURRY
インカリー

Official Site

チキン・カリー 1480円。スープの味が最も引き立つ不動の一番人気

鮭・カリー 1680円。鮭好きな店主こだわりの逸品

香り高く、コク深く、丁寧で優しく

札幌の名店で修行した武田美雪店主が作るカレーは、丹念に下処理した具材、香味野菜、鶏ガラなどをじっくり煮込み2日かけて取るスープ、毎日使う分だけ挽くスパイス、手数の多い調理などすべてが丁寧で優しい。具材とスープとスパイスの織りなすハーモニーが絶妙で、滋味深く香り高く澄み切った味わいだ。武田さんの人柄とカレーに対する真摯な姿勢が感じられる。辛さは7段階で、辛さと共にコクと旨味が増していく。辛党には通常の辛味スパイスに加え、特製スパイスも入る6番以上がおすすめだ。武田さんがすべて1人で作っているので混むと時間がかかったり、スープ切れで早い時間に閉店することもしばしば。

琴似駅・地下鉄東西線／ローソン／GS／89／二十四軒公園／★IN CURRY／二十四軒駅・地下鉄東西線／二十四軒・手稲通／GS／124

札幌市西区二十四軒3条5丁目9-33
☎011-500-2118
11:30〜17:00
※スープがなくなり次第終了
月・火曜定休

OTHER			
野菜・カリー	1580円	ラム・カリー	1880円
シーフード・カリー	1980円	ソフトドリンク各種	300円

Curry kitchen SPICE POT! 琴似店

カリーキッチンスパイスポットことにてん

Official Site

NIKUスペシャル 1880円。煮込みチキン、豚角煮、肉だんご、ソーセージがてんこ盛り

ローストチキンと野菜のカレー 1480円。甘めのタレを塗ってこんがり焼いたローストチキンは香ばしくジューシー

石窯で30〜40分じっくりと焼くローストチキンは単品でも販売し好評だ

本格石窯を備えた隠れ家カレー店の2号店

白石区の住宅地で2010年にオープンしたスパイスポットが13年目にして琴似に2号店を出店。隠れ家的な本店とはガラリと雰囲気を変え、地下鉄琴似駅から徒歩数分とアクセスもよく、店内はスタイリッシュでカフェのよう。本店同様石窯を備えていて、じっくり焼き上げるローストチキンが看板メニューだ。しっかり味が付いているのでスープに旨味を与えご飯も進む。単品をテイクアウトする人も多い。鉄鍋で直に調理しアツアツを提供するカレーはトマト感が強めでほどよくスパイスが効いている。幅広い年代に受け入れられる味わいだ。スイーツやドリンク、セットメニューもあり、カフェ使いもできる。

札幌市西区琴似2条5丁目2-25
☎011-590-0334
11:00〜15:00、17:00〜22:00
（ラストオーダー各30分前）
無休

OTHER		
チキンと野菜のカレー.....1280円		チーズトマトと野菜のカレー...1300円
豚角煮と野菜のカレー...1300円		旨辛チキン・超辛チキン...各490円

グルグルカリー

Official Site

コフタカリー 1450円。大きなラムの肉団子は肉の風味と食感がしっかりして食べ応えがある

野菜たっぷりチキンカリー 1250円。定番にして一番人気

チーズチキンカリー 1150円。シンプルなチキンカリーにとろとろチーズをトッピング

函館発!バラエティ豊かなカレーたち

函館で1999年から2014年まで営業した「ぐるぐる本舗」が前身。16年に「グルグルカリー」の名で復活し18年に札幌に移転した。洋食や中華などさまざまなジャンルの料理経験を持つ小平克己店主が研究を重ねたカレーは、一番人気のスープ、キーマ、ルーの3タイプ。トリガラをベースに隠し味とスパイスを加えて仕上げるスープはしっかりとしたコクがあるが後味はスッキリ。奇をてらわず、基本に忠実な仕込みと手間ひまかけた調理で作られたカレーは、見た目シンプルだが奥深さを感じる味わいだ。辛さを追求するのではなく、旨味と辛味のバランスを楽しみたい。スープ以外のカレーもぜひお試しを。

札幌市西区琴似2条2丁目2-17
ファーストプラザ2F
☎011-676-3202
11:30〜15:00、17:00〜21:00
(ラストオーダー各60分前)
月・火曜定休

OTHER			
野菜カリー	1150円	キーマカリー	1050円
グルグルブラック	1250円	ボンベイフライドチキン	2ピース400円

gopのアナグラ

ゴップのアナグラ

Official Site

チキンと野菜ときのこ 1250円。定番のチキンと野菜にきのこの旨味が加わりスープに深みが増す

トッピング 60円〜。タレやディップ、ピックルなどさまざまなトッピングを用意。ライスやスープに混ぜて味変を楽しめる

週末限定カレー 420円〜。週替わりでさまざまなカレーが登場する。ライスは付かずサイドメニュー的な存在

カレーマニアを虜にするスパイス使い

スープカレー店店主やミュージシャン、スープカレーマニアの常連多数。店主の久保田マコトさんが「客のことを考えて作っていない」と言い切るカレーは鮮烈なスパイス感が特徴。いろいろなスープカレーを食べ、最後にたどり着く玄人好みの味と言えるかもしれない。辛さは0から100番まで選べ、辛さが増すほどにコクと旨みも増していく。真価を発揮するのは30番以上、できるだけ辛さを上げて食べてほしい。タイやミャンマーなどカレーの本場に足を運び、現地の味にヒントを得て作る週末限定カレーやスパイスの効いたライストッピングも人気。通し営業だが、週末は昼過ぎにスープ切れで閉店することも多い。

札幌市西区山の手3条6丁目1-17
☎011-612-6208
11:30〜21:30／日曜・祝日11:30〜
20:30(ラストオーダー各30分前)
※スープがなくなり次第終了
水・木曜定休

OTHER			
チキン	880 円	チキンと野菜	1080 円
野菜ときのこ	1150 円	シーフードのカレー	1480 円

SAKURA BROWN

サクラブラウン

Official Site

アサリとハマグリのクラムカリー
1500円。貝の旨味が溶け込んだスープが
貝好きにはたまらない

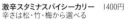
激辛スタミナスパイシーカリー　1400円
辛さは松・竹・梅から選べる

毎日食べたい優しい味を目指して

琴似栄町通から細い路地を入ったビルの2階にあり、店名が書かれた大きな看板が目印だ。毎日食べたい優しいカレーを目指し、化学調味料を使わずトリガラと香味野菜、昆布などをじっくり煮込んで素材の旨味を引き出したスープは、口当たりがサラサラでまろやかなコクがあり後味は軽やか。肉、魚介、野菜などあらゆる具材の魅力を引き立てるオールマイティーな味わいだ。食べ進めるとじわじわとスパイスの風味と辛さが広がってくる。辛さなしの1番から超激辛8番までの設定で2番が中辛。辛さを上げると旨味も増すので辛めの注文がおすすめだ。店内はダークブラウンを基調にしたシックな雰囲気でくつろげる。

札幌市西区琴似1条5丁目4-10
シティラディアンス2F
☎011-688-6570
11:30〜15:00、17:00〜21:00
※スープ切れ閉店あり
火曜定休

OTHER			
チキンカリー	1200円	10品目の野菜カリー	1200円
琴似ZANGIと長芋野菜カリー	1500円	SAKURA BROWN エビカリー	1680円

106

札幌スープカレー 曼荼羅

さっぽろスープカレーまんだら

Official Site

じゃぽん 1300円(ココナッツスープ+180円)。黒豆納豆や麩(ふ)、きざみオクラの和風具材にココナッツが意外なほど合う。梅とレモン汁が爽やかなアクセント

牛もつ 1380円。牛モツはトロふわ食感で旨味たっぷり。スープには自家製コチュジャンが入る

「医食同源」を基本にカレーで健康に

2005年創業。「医食同源」を基本とした体思いのカレーを目指す。基本のオリジナルスープはサラサラで透明感がありスッキリとした味わい。まろやかなココナッツ、漢方薬の勉強をして調合した薬膳スープも用意する。スパイスは調和が取れていてスープの旨味を引き立てる。チキンやポークなど定番のほか、ホルモンや牡蠣、ラム、カレーうどんやルーカレーまでバラエティ豊かな品ぞろえ。どのメニューも完成度が高く、それぞれ根強いファンがいる。店主は2代目で、創業者は2023年10月にオープンした中央区宮の森の2号店「北海道神宮前店(中央区宮の森2-10)」で腕を振るう。

札幌市西区西町南18丁目1-40
☎011-665-0291
11:30〜21:00(ラストオーダー20:00)
※スープ・具材がなくなり次第終了
月曜定休

チキンレッグ	1300円	ベジタブル	1250円
曼荼羅風麻婆カレー	1280円	びっくカツカレー	1300円

OTHER

札幌らっきょ

さっぽろらっきょ

Official Site

知床鶏スープカレー 1530円。シンプル
にして王道の味わいだ

お子様ソーセージスープカレー 600円
完食するとアイスクリームがサービスされ
る。火曜日は100円で提供

王道の味で札幌スープカレー界を牽引

札幌と関東で7店舗を展開。イベントなどにも積極的に参
加し全国にスープカレー文化を発信するらっきょの本店
だ。10時間以上かけて丁寧に仕込むスープ、道産を中心に生
産者と提携して仕入れる厳選具材、バランス重視のオリジナル
ブレンドスパイス。万人に愛される王道の味わいはスープカ
レーデビューにおすすめだ。メニューは定番、季節限定、マンス
リー、キッズカレーなど豊富。接客もホスピタリティーにあふれ、
誰もが気軽にスープカレーを楽しめる。白石区の「らっきょ大
サーカス」は最も広い店舗で小上がりもあり、子ども連れにお
すすめ。系列店にスリランカカレー店「チャンドリカ」があり、本
場スリランカの味が札幌で味わえる。

札幌市西区琴似1条1丁目7-7
カピテーヌ琴似1F
☎011-642-6903
11:00〜21:00
第3水曜定休

チキンスープカレー 1200円	季節野菜スープカレー ... 1250円
十勝産どろ豚ハンバーグスープカレー... 1680円	らっきょスペシャル 2300円

ESPER ITO 八軒総本店

スープカレーせんもんてんエスパーイトウはちけんそうほんてん

Official Site

エスパーチキンベジタブル 1710円(エスパー濃厚海老スープ+150円)。チキンはパリチキ・揚げレッグ・煮込みレッグから選べる

エスパーラムベジタブル 1800円。サイコロ状のラムステーキは羊好きにはたまらない

幅広い年代から人気を得る正統派

店名の「エスパー」は「エスニック・スパイス・パワー」の略称。市内に4店舗を展開する人気店だ。チキンをメインにたくさんの香味野菜を煮込んだブイヨンにほどよいスパイス。万人に受け入れられる味はスープカレー初心者にもおすすめだ。辛さは50段階あるが、旨味と辛味の調和が最もいいのが3番とのこと。スープは4種類あり、「オリジナル」がどんな具材にも合うが、「濃厚海老」の人気が高い。メニューもバラエティ豊かでトッピングやサイドメニュー、ドリンクも充実。総本店と白石中央店の店舗前には冷凍スープカレーの自販機が設置されている。

エスパーザンギ 560円

札幌市西区八軒5条西1丁目2-32
パレスチャギヒラ1F
☎011-215-5577
11: 00～22:00
(ラストオーダー21:30)
無休(年末年始を除く)

エスパーパリチキ	1430円	エスパーの畑	1430円
エスパーポーク	1470円	エスパーの海	1800円

OTHER

アメイロカリィ

Official Site

あぶりポークカレー 1250円。とろけるほど柔らかい豚バラ軟骨煮込みを仕上げに炙ってトッピング

あめいろチキンカレー 1180円。ほぐしたチキンがたっぷり。1皿ずつ調理するこだわりのルーカレー

飴色タマネギたっぷりカレー

2022年9月オープン。濃いブラウンのスープは鶏ガラ、豚骨、和出汁をベースに20種類のスパイスと秘密の隠し味が入り、長時間煮詰めた飴色タマネギの甘みととろみが感じられる。旨味重視でご飯の進む味わいだ。スープカレーの工程から派生して作るタマネギたっぷりのパキスタン風ルーカレーも密かな人気。「図らずも人気が出ちゃいました。両方頼んでシェアするカップルも多いです」と店主の滝康弘さんは笑う。定番に加え不定期で出す限定カレーもあり、店内やSNSで告知している。平日ランチタイムはドリンクまたはライス大盛りのサービスあり。カウンターとテーブル2卓の店内はカフェ風の明るい雰囲気で女性の1人客も多い。

札幌市手稲区前田8条10丁目2-15
☎011-624-5611
11:00〜15:00、17:00〜20:00(ラストオーダー各30分前)/日曜・祝日
11:00〜16:00
月曜定休(祝日の場合は営業)

OTHER		
やわらかチキンカレー ..... 1230 円	やさいカレー .... 1300 円
ベーコンとフランクカレー ... 1500 円	フライドレッグカレー ...... 1550 円

看板商品！ビーフハンバーグ 1780円。ライスは白米か雑穀米を選べる

厳選野菜のベジタブル 1280円（ココナッツスープ＋200円）。ココナッツの甘みととろみが加わり女性に人気

キッチングリズリー

Official Site

オシャレ空間で楽しむカレーとハンバーグ

外 壁に大きく書かれた店名とアメリカンビンテージを基調としたインテリアが印象的。カレーはスープかルーが選べ、母体が青果店とあってすべてのメニューに17種類もの野菜が入る。素揚げ、ゆで、ソテーなど野菜によって調理を変えるひと手間も心憎い。注文の8割がカレーだが、ハンバーグやドリアなどの洋食メニューも充実。特にハンバーグに力を入れていて、ビーフ100％のふっくらハンバーグはテリヤキやサルサなど単品のバリエーションが豊富。パティシエが作る本格的なスイーツもおすすめ。ゆったりとしたオシャレ空間と通し営業はカフェ使いにも重宝する。

テリヤキバーグ 1480円

札幌市手稲区前田9条11丁目3-66
☎011-688-9853
11:00〜21:00
（ラストオーダー20:30）
不定休

OTHER	こだわりチキン 1580円	三元豚ロースカツ........... 1680円
	お子様カレープレート...... 800円	プリン各種 350円

111

sync curry sapporo

シンクカレーサッポロ

チキン cheesy-cheesy(チーズ＆チーズ)　1250円
チキンととろーりチーズのシンプルな組み合わせは
チーズ好きにおすすめ

鶏もも肉のスープカレー　1500円
不定期で登場するスープカレーは売
り切れ必至の人気

牡蠣とクレソンのカレー　1500円。意外な組み合わせだが相性
抜群。クレソンを増量する常連客もいる

ルーとスープのいいとこ取り

2004年に東京で創業した人気店が2020年に移転。タマ
ネギをじっくり炒めて作ったルーと、チキンや野菜で出
汁を取ったスープを合わせたカレーは、小麦粉を使わず野菜
だけでとろみをつけているのでサラリと軽く、ルーとスープの中
間のような口当たり。ライスは健康を考え発芽玄米と押麦入り。
毎日食べられる体に優しい味わいだ。注文を受けてから野菜
を切るなど1皿ずつ丁寧に調理するこだわりよう。スペシャリテの
「牡蠣とクレソンのカレー」は濃厚なカキの旨味とクレソンの苦
みの相性が抜群。不定期で登場する数量限定の札幌スタイル
のスープカレーも人気が高い。

札幌市手稲区星置3条9丁目10-18
☎011-694-7252
11:30～15:30、17:30～20:30
（ラストオーダー各30分前）
月曜・第2火曜、水曜夜定休

OTHER			
チキンと野菜のカレー	1500円	タコと海老のカレー	1300円
鶏もも肉のスープカレー(不定期)	1500円	スパイスユーアップマサラ	+100円

スープカレー やまやまや

Official Site

磯のり牡蠣きのこ 1380円。牡蠣のうまみと磯の香りが溶け出したスープは絶品

ラムベジタブル 1480円

ナットウキーマ 980円。**タマネギのアチャール、激辛青南蛮ピクルス、ほうれん草と枝豆のサブジ**(各50円)トッピング

プルプルのDNAを受け継ぐ新店

店主の山倉和也さんはプルプルをはじめ札幌の有名店での修行や間借り営業で研鑽を積み、2023年にオープン。最も影響を受けたプルプルの味をベースに、具材は豆腐やキクラゲ、磯のりなど独自のアレンジを加えている。とろみのあるスープはトリガラ、昆布、アゴ、シイタケなどで出汁を取り、具材やスパイスに負けない力強いうまみを感じる。辛さを上げるにつれてキレと風味が増すので攻めた辛さで味わいたい。ホワイトボードに書かれる日替わりトッピングも要チェック。卓上にゲームが置いてあるのでカレーを待つ間に遊んでみては。金曜夜は「ポルキリ」という人気カレー店が間借り営業する。

札幌市手稲区稲穂3条7丁目5-1
こがねショッピングプラザ1F
☎011-691-3110
11:30〜15:00、17:30〜20:00
(ラストオーダー各30分前)
※売り切れ次第終了
木・金曜定休(その他不定休あり)

OTHER		
チキンベジタブル 1180円	豚角煮ベジタブル........... 1380円
ナンコツキーマ................. 1180円	お子さまカレー 500円

取材こぼれ話

▶hirihiri OH! Do-Ri（P48）は最初「hirihiri AMAZON」という店名でジャングルをイメージした内装になる予定だったが、店が狭いためジャングルにするのは断念。アマゾンの名残りは入り口扉のイラストにあるが閉店している時でなければイラストは見えない。

▶カレーショップS（P23）にはマラソン部があり、マネージャーの佐賀井奈穂さんが部長を務める。スタッフや常連客が所属し数々のレースに参加している。

▶虎（P96）の店内ではお土産ラーメンやステッカー、しじみ出汁醤油、Tシャツなどさまざまなオリジナルグッズを販売している。

▶おおげつ（P128）には看板がなく、入り口に小さい表札がかかっている。

▶gopのアナグラ（P105）の「ココナツのスーププリン」は専門店も凌駕するレベル。しかしカレーを作るのに忙しくめったに仕込めないため幻のスイーツとなっている。また、店主のsinさんはひげ男爵やsoupcurry凪など他店のスタッフTシャツを着て仕事をすることが多く、たまにお客さんに「ひげ男爵の系列店なんですか?」などと聞かれることがある。

▶Soup Curry Popeye（P62）の店主加藤渉さんはポルトガル語が堪能で、清水エスパルスとモンテディオ山形で通訳を務めた経歴を持つ。

▶94Store（P145）という店名は小谷毅店主の誕生日9月4日にちなんでつけられた。

▶WHITE BASE CAFE（P139）のサイドメニューのごぼうチップスはカレーよりもビールのお供におすすめ。

札幌市外

スープカレー
MONKEY MAGIC
スープカレーモンキーマジック

Official Site

スパイシー肉付きなんこつ 1430円。絶大な人気でマンスリーからレギュラーに昇格した看板メニュー

チキン野菜 1400円。柔らかなチキンレッグとたっぷりの野菜が入る店主イチオシメニュー

江別で希少な個人店。札幌仕込みの味を提供

札幌の人気店でキャリアを積んだ店主の大芦勇次さんが満を持して江別で開業。スープはトンコツ、トリガラ、野菜出汁がベース。コク深いサラサラのスープにほどよくスパイスが効き、クセのない味わいで幅広い年代に支持されている。看板メニューは「スパイシー肉付きなんこつ」。たっぷりと肉が付いたヤゲン軟骨はコリコリ食感と肉の両方が楽しめる。数量限定で、昼過ぎに売り切れてしまうほどの人気。平日ランチタイム（11時半〜14時）のライス大盛り無料サービスも嬉しい。子ども連れでも気がねなく食事を楽しんでもらいたいと、奥に広い小上がりを作ったのも店主のこだわりだ。

江別市大麻東町15-17
☎011-387-3222
11:30〜15:00、17:00〜21:00
（ラストオーダー各30分前）
水曜定休

チキン	1300 円	ポーク角煮	1400 円
厚切りベーコン	1350 円	ひき肉納豆	1200 円

Park in café sourire

パークインカフェスーリール

Official Site

野菜スープカレーセット　1100円。サラダ
付きのお得なランチ限定メニュー。11時
〜14時までの提供

揚げチキンスープカレーセット　1100円。
こちらもランチ限定メニュー。+150円でソ
フトドリンクも付けられる

公園を眺めながらの朝カレー

恵庭ふるさと公園内に2022年にオープンしたアットホーム
なスープカレーカフェ。「スーリール」はフランス語で「ほ
ほえみ」を意味する。朝9時開店で朝食にスープカレーが食べ
られる。辛さはほどよい中辛設定で万人受けする食べやすさを
追求。地産地消をテーマに恵庭産の食材も積極的に取り入れ
ている。モーニングやソフトドリンク、ソフトクリームやビールセット
などカレー以外のメニューも豊富。公園で遊んだ後に立ち
寄ってゆっくりと過ごしたくなる。店内は白を基調に黄色の柱が
ポイントの明るい空間。店主夫妻の温かな接客にも癒やされ
る。

恵庭ふるさと公園

えにわ
ステーション⊞
　　●えにわ病院
JR恵庭駅

恵庭市黄金中央4丁目2
恵庭ふるさと公園
☎050-8884-9710
月〜土曜9:00〜20:00(冬季〜19:00)
／日曜・祝日9:00〜18:30(冬季〜
18:00) 火曜定休(他不定休あり)

OTHER			
レッグチキン	1400円	ポーク	1300円
モーニング(日替わり)	550円	ビールセット	1000円〜

MR.SORRY

ミスターソーリー

エビとブロッコリーの焦がしチーズ
1480円。大きな有頭エビが2尾。火入れ
加減も絶妙だ

自家製ジューシーハンバーグ 1450円。黒
毛和牛100%のハンバーグは旨味たっぷり

店主のこだわりが詰まった1杯

飲 食店、雑貨店、シェアオフィスなどが入る多目的スペース
内に2020年オープン。店主の大縄翔平さんが「今でも
常に研究してこだわりまくっています」と言うカレーは千歳や恵
庭産の野菜や安平牛など近郊の食材、調理法、スパイスのバ
ランス、メニュー構成に至るまで心配りを感じる。カレー店では
珍しく24時までの営業も嬉しいポイント。スープカレー以外にも
パスタやパキスタンカレー、本格ハンドドリップコーヒー、スイー
ツなども提供する。ソフトドリンクバーもあり、カレーを楽しんだ後
にフリースペースでのんびりと過ごすこともできる。月に数回音楽
イベントも開催されている。

恵庭市島松寿町1-28-10
多目的スペースジャンクション内
☎0123-25-8384
11:30～15:00（ラストオーダー
14:30）、17:00～24:00（ラストオー
ダー23:00） 水曜定休

OTHER			
やわらかチキン	1200円	たっぷり野菜	1180円
よくばりソーリースペシャル	1950円	パキスタンカレー	1050円

クレイジースパイス 小樽本店

クレイジースパイスおたるほんてん

Official Site

クレイジーチキンカレー 1480円。チキンの表面にスパイスを塗り、さらに炙って香ばしさと風味をアップ

焦がしトロトロポークカレー 1480円。柔らかく煮込んだ豚肉はとろけるような食感だ

スープカレーとインドカレーで全国展開

2004年に小樽で創業し、全国に12店舗を展開する。道産食材を積極的に取り入れ、メニューは全国共通だ。スープはタマネギの甘さがしっかり感じられ、スパイスもほどよくクセがないので食べやすい。カルダモンの効いた「ノーマル」のほか、リッチな旨味の「サマディー」「エビ」など個性豊かな5種類のスープがある。スパイス好きには「マヤック」がおすすめだ。スープカレーの注文が大多数だが、本場で培った15種類以上のインドカレーも根強い人気。スープカレーはライス付きで白米と雑穀米から選べ、インドカレーにはおかわり自由のナンが付く。平日ランチタイム（11時半〜14時）は数量限定で毎月内容が変わるお得なメニューも用意。

小樽市色内3-3
☎0134-27-9048
11:30〜21:00／土日・祝日11:30〜
〜22:30（ラストオーダー各30分前）
無休

OTHER		
やわらかチキンカレー..... 1300 円	13種類色彩野菜カレー... 1430 円
レア生ラムカレー............. 2180 円	バターチキンカリー......... 1280 円

スープカリー クフウ

Official Site

かりーがゆ 1200円。「他でやっていないもの、スプーン1本で食べられるものを」と研究を重ねてたどり着いたメニュー

チキンカリー 1200円。定番にして一番人気。+100円でスープ大盛り、+50円でライス大盛りにできる

スープカレーとおかゆのハイブリッド

玉 道5号沿いに建つ一軒家で、2000年創業の古株だ。昆布、トリガラ、野菜で取る和出汁に15種類のスパイスを加え、時間をかけて丁寧に仕込んだスープは幅広い年代に好まれるオーソドックスな味わい。唯一無二の看板メニューは「カリーがゆ」。煮立った土鍋には一口サイズの具材、ライスが入り、それが見えないほどたっぷりのスープとトロトロのチーズが表面を覆う。よく混ぜて口に入れたときの熱さと一体感は衝撃的でやみつきになる。平日のランチタイムはドリンク付きでライス大盛りも無料。人気店ゆえ昼営業でスープ切れ閉店することも多い。遅い時間や夜に行くときは予約がおすすめ。

小樽市星野町22-1
☎0134-62-0202
11:30〜15:00、17:30〜20:00／
土日・祝日11:30〜20:00
※スープがなくなり次第終了
火曜定休

OTHER			
野菜カリー	1200円	ミックスカリー	1500円
ミニがゆラッシーセット	1200円	お子様カレー	250円〜

SOUP CURRY ダルオ

スープカレーダルオ

Official Site

S.S.S.(海老と8種の野菜)カレー
1450円。殻ごと食べられるソフトシェル
シュリンプのカレー

道産豚の角煮と野菜カレー　1450円

小樽で本格的なスープカレーが楽しめる

2020年オープン。JR小樽駅から運河に向かって徒歩3分という好立地のスープカレー専門店。札幌の有名店で修業したスタッフによるレシピは本場札幌に引けを取らないクオリティだ。地元客はもちろん、道内外や海外からの観光客も訪れる人気店となっている。初めてスープカレーを食べる人も少なくないので、ほどよいスパイス感で万人に好まれるベーシックな味わいに仕上げている。港町ゆえ海鮮を贅沢に使ったカレーが観光客に受けている。具材は大きく盛りだくさん。ホテルが母体だが、リーズナブルな価格を実現している。注文はテーブルに置かれたQRコードを読み取ってスマートフォンで行う。

小樽市稲穂3丁目3-1
小樽グリーンホテル別館1F
☎070-3149-8880
11:30〜15:00、17:00〜21:00
(ラストオーダー各30分前)
水曜定休

OTHER		
パリパリチキンと野菜カレー...1350円	たっぷり12品目の野菜カレー...1200円
海鮮(蟹・海老・帆立)と野菜のカレー...2550円	全部盛り欲張りカレー...2550円

あぶり豚とネギのカレー 1900円。地元のブランド豚はそのままでも主役級のおいしさ

和風鶏つみれカレー 1600円。軟骨入りの大きなつみれはふわふわ食感でボリューミー

スープカレー＆和Dining
つばらつばら
スープカレーアンドわダイニングつばらつばら

Official Site

地元ニセコ食材×和風出汁

ニセコ観光の中心地・ひらふエリアにある日本家屋で、店内も和の雰囲気が漂う。スープは鶏ガラや豚骨、昆布などで取った和風出汁がベース。色はダークブラウンで濃そうだがほどよいコクで飲み口はあっさり。＋200円でココナッツミルクスープにするとまろやかさが増しココナッツ感がダイレクトに広がる。具材には春の山菜、夏野菜、秋の新米など四季折々の地元食材をふんだんに使い、大きくカットされていて素材の良さが際立つ。夜は居酒屋として営業し、スープカレーに加えバラエティ豊かな一品料理が楽しめる。スープカレー鍋もおすすめ。

スープカレー鍋は夜限定メニュー

NACニセコ
アドベンチャーセンター
343 ★
5
●トヨタレンタカー
●ローソン

倶知安町ニセコひらふ5条4丁目3-5
☎0136-23-1116
11:30～15:00（ラストオーダー14:30）、18:00～22:00（ラストオーダー21:00）※夜営業は12～3月のみ
水曜定休

OTHER		
骨付きチキンカレー......... 1600円	野菜たっぷりカレー......... 1600円
厚切りベーコンカレー.... 1900円	お子様スープカレー 900円

ニセコ カリー小屋

ニセコカリーこや

Official Site

コロッケ 1590円。ポテトコロッケ2個と野菜がたっぷり。卓上の
スパイスビネガーは口がサッパリする味変アイテム

やわらかラムと野菜 1980円。**ジャコカツ**(350円)トッ
ピング。ラムは採算度外視のサービスメニュー

ニセコスープカリー チキン1300円、ポー
ク1350円。1食1.5〜2人前のボリューム

羊蹄山を望むニセコの老舗

札幌でもまだ数軒しか専門店がなかった1988年にニセコ
で開業。羊蹄山の伏流水と鶏、豚、野菜、魚介など数多
くの食材で出汁を取ったスープはコク深く、オリジナルブレンド
のスパイスと相まって飲み口はスッキリ。土鍋で提供するので
最後まで熱々が楽しめる。一番人気のトッピングは実家のかま
ぼこ店直送の「ジャコカツ」。愛媛名物のじゃこ天のフライだが
驚くほどカレーに合う。仕入れから調理・パッケージングまです
べて自社で製造するレトルトカレーはおみやげや地方発送に
好評。香り高い自家焙煎のコーヒーもおすすめだ。席数が少な
いので少人数での利用を推奨し、小学生以下の来店はNG。

倶知安町ニセコひらふ5条2丁目2-11
☎0136-23-3688
　（アルバータロッジ共通）
11:30〜14:00（ラストオーダー13:30）
※スープがなくなり次第終了
平日火・金曜定休（その他不定休あり）

チキン野菜	1540 円	ポーク野菜	1650 円
カキ	1650 円	自家焙煎コーヒー	330 円(持ち帰り限定)

MarkieCurry
マーキーカリー

Official Site

キングマーキー 2050円。チキンベジタブルに角煮ポークとベーコンをプラス。さらにエビ、カキ、ホタテから1品選べる

13品目の野菜たっぷりカリー 1600円。スープからはみ出すほど野菜が詰まっている

Black Fox Beer 各1000円。系列のビール工房で醸造するクラフトビール

羊蹄山麓の野菜を詰め込んだスープカレー

「ニセコのおいしい野菜を食べてもらいたい」がコンセプト。町内にある自社菜園や友人の農家から直接仕入れる野菜をふんだんに使い、無料の野菜トッピングも用意。地元野菜が最も充実する夏に訪れたい。カレーは札幌の人気店仕込みで、鶏ガラと牛骨、野菜で丁寧に取ったスープにオリジナルブレンドスパイスを合わせ、具材の旨味を引き立てるシンプルな味わい。地域柄外国人観光客が多く、肉々しいボリューミーなメニューや、ベジタリアンには野菜カリーにビーガンスープのチョイスが人気。注文はテーブルにあるオーダーシートに記入してカウンターへ。

倶知安町北3条西1丁目13-6
☎0136-23-3166
11:30〜15:00、17:00〜21:00
（ラストオーダー各30分前）
木曜定休

チキンベジタブルカリー....	1600円	シーフードカリー.............	2000 円
ミートミート！チーズハンバーグ MAX！カリー	2650 円	植物系ビーガンスープ	+200 円

海ぞく
かいぞく

シーフード海ぞくカレー 1200円。サラダのドレッシングは自家製だ

豚なんこつ(バイカ)のスープカレー 1200円。1日5食限定。ライスか鰹節を練り込んだ「節パン」を選べる

余市の食材がたっぷり!コスパ最強カレー

余市町初のスープカレー専門店。ビアバーの間借りで昼のみの営業だ。店主の田中悟さんは定年を機に2014年に開業。独学で完成させたスープカレーは鶏ガラと野菜、日高昆布で出汁を取りホールスパイスを効かせたあっさり系。メニューによってさらさらタイプととろとろタイプのスープを使い分ける。余市の海鮮や野菜を贅沢に使い、サラダとフルーツラッシーまで付くのに驚くほどリーズナブル。春は山菜、10月はアワビなどを使った限定カレーも登場する。ライスは＋200円で町内の人気ベーカリー「パン処」の節(ふし)パンに変更可。この味を目当てにわざわざ余市に足を運びたくなる。

余市町黒川町2-154
☎090-5993-3673
11:30〜14:30
(ラストオーダー14:00)
月曜定休

OTHER			
スープカレー	1000 円	チキン海ぞくスープカレー	1000 円
イカ墨スープカレー	1200 円	ハンバーグ(200g)スープカレー	1350 円

久慈咖喱

くじかりー

Official Site

噴火湾産帆立と発酵バターのカレー
1380円。プリプリのホタテが3個も！ 1個
150円で追加も可能

今日の豆皿 50円〜。たまねぎのアチャー
ル、ポテトマサラ、有機いちじくとキュウリの
ライタなど個性派の副菜

スタイリッシュに進化した村上系

岩 見沢市郊外、田園風景をロケーションに建つ一軒家。看板が小さく一般住宅に見えるが、店内は天井が高くフレンチレストランのような雰囲気だ。札幌の人気店・村上カレー店プルプル出身の久慈健太郎店主が作るカレーは、プルプルの味を受け継ぎつつ、久慈さんのオリジナリティと美意識が随所に光る。シンプルな構成の具材からは旨味が十分に引き出され、キレのあるスパイスと相まってスープが主役に仕立てられている。豆皿に盛られた旬の食材を使った副菜も魅力。ライスやスープに混ぜたり、お酒のおつまみとしても楽しめる。インスタグラムもぜひ見てもらいたい。カレーや副菜の画像は料理本のグラビアのよう。魅了されること請け合いだ。

JR
幌向駅 12
・セイコーマート
GS
ラッキーマート
あけぼの公園
★

岩見沢市幌向南3条4丁目297
☎0126-28-9090
11:00〜16:00
日曜定休(他不定休あり)

OTHER			
チキンベジタブルカレー...1150 円		豚角煮カレー................. 1300 円	
ナットウキーマベジタブルカレー...990 円		とうもろこしと鶏ひき肉のカレー...1150 円	

126

ばぐぅす屋

ばぐぅすや

Official Site

チキンカツ野菜 1280円。軽く下味が付いたカツは衣が厚めでスープに浸してもカリカリ食感が楽しめる

2種盛り 1200円。定番のチキンと100種類以上のレパートリーの中から日替わり1種をあいがけで提供

日曜日のみ営業する穴場の人気店

2018年開業。大阪出身の山岸槙（こずえ）店主が1人で切り盛りする。さまざまな料理店での経験を生かし、自分がおいしいと思う味を追求したというカレーは、鶏ガラとタマネギ、和風出汁をベースに13種類のスパイスを使用。独特の風味があり個性的な味わいだ。野菜は地元のものを中心に使い、季節によって内容を変えている。メニューはスープカレー6種類とスパイスカレー1種と少なめだが、トッピングの種類が豊富でカスタマイズが楽しい。店内では地元のお米やハンドメイド雑貨も販売している。日曜日のみの営業だが、近所にある無人販売所「無人食品（6条東2丁目）」でカレーやチキンカツを購入できる。

岩見沢市7条東6丁目1
☎080-3232-3036
11:30～17:00
月～土曜日定休

OTHER			
チキン野菜	1200円	お魚野菜	1380円
たっぷり野菜	1180円	ラムミートボール野菜	1280円

おおげつ

Official Site

舞茸とチキンのスープカレー 1450円。愛別町「矢野農園」直送の舞茸天ぷらがたっぷり

店内では中村農園の米も販売している

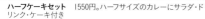

ハーフケーキセット 1550円。ハーフサイズのカレーにサラダ・ドリンク・ケーキ付き

お米と野菜を美味しく食べるカレー

江部乙町にある「中村農園」の米や野菜を使ったファームレストラン「Mama's Kitchen」が2016年に移転し、昼はスープカレー店、夜はダイニングバーとして営業する。小さな表札がかかっているだけの素っ気ない入り口だが、階段を上がって一歩店に足を踏み入れると広々としたオシャレ空間が広がる。鶏ガラと魚介出汁の優しいスープは旨味重視でスパイス感はほどよく、レストラン仕込みの本格的な調理でメイン具材や新鮮野菜のおいしさを堪能できる。お米はカレーに合わせたブレンド米で、ふっくらもっちりとして味が濃い。パティシエの作る本格スイーツも人気。

滝川市大町1丁目1-7 2F
☎0125-74-6296
11:30〜15:00（ラストオーダー14:00）、18:00〜22:00
月曜定休。昼は第2日曜、夜は日曜も定休

野菜カレー	1350 円	チキンカレー	1350 円
納豆とチーズのキーマカレー	1400 円	ハンバーグカレー	1450 円

SPICE SOUP CURRY
晴れの日

スパイススープカレーはれのひ

晴れの日の野菜畑 1485円。新鮮野菜がたっぷりの看板メニュー

ポークと野菜 1650円。白ワインで煮込んだ道産ポークはとろける柔らかさ

スープカレースパイスキット 1200円。5〜6杯分のスープカレーが作れる。レシピ付き

風景と野菜がご馳走のカレー

広い空の下、見渡す限りの畑の中でタマネギ農家が運営するスープカレー専門店。スープは自社農場のタマネギをふんだんに使い飴色になるまでじっくり炒めたペーストがベース。自然な甘さを感じるスキッとしたサラサラのスープにシンプルなスパイスが調和している。野菜にもとことんこだわっていて、冷凍ものは一切使わず、新鮮な旬の野菜を自社製を中心に近隣の農家からも仕入れている。チキンやポークなども北海道産を使用。体に優しい味わいだ。店内ではオリジナルスープカレースパイスキットと、収穫時期には自社製タマネギも販売している。美しい景色と滋味あふれるカレーに心もお腹も満たされる。

長沼町西2線北11
☎090-6691-0159
11:00〜15:00
(ラストオーダー14:30)
日・月曜定休

OTHER		
チキンと野菜.................... 1705 円	チキンハーフと野菜......... 1540 円
チキンキーマと野菜......... 1485 円	お野菜の付け合わせ...... 各 150 円

株式会社ティーツーワイジャム代表取締役

玉ヴァーソン氏

スープカレーは世界に広まるポテンシャルがある

——スープカレーの出合いから仕事にするまでの経緯を教えてください。

20歳くらいの頃「スリランカ狂我国」で初めてスープカレーを食べ、その美味しさに衝撃を受けたのを覚えています。それからスープカレーが大好きになり、アジャンタ、サヴォイ、木多郎など札幌中の店を食べ歩きました。

初めてスープカレーに関する仕事をしたのは2002年。勤めていた広告代理店でのカレー本の制作です。初のスープカレー専門誌を発行しました。3日目で増刷が決まり、結果的に10万部を発行する大ヒットとなりました。この業界に可能性を感じ、独立してスープカレーに特化した会社を設立しました。

スープカレーガイドブックやフリーペーパー、レシピ本などの書籍をはじめ、ポータルサイト、2003年に開かれた「第1回スピカ・カレー博覧会」を皮切りにさまざまなイベントのプロデュース、カレー店のコンサルティングなど、スープカレーに関するあらゆることを手がけましたね。各国のカレーやスパイスの取材で海外にも行きました。

私はゴルフが趣味なのですが、ゴルフ好きなカレーとラーメンの店主を集めてカレー&ラーメンゴルフ対決もやるようになりました。

——カレー店主の横のつながりも積極的に広げていますね。

「カレーヤーズ」というカレー店主の交流会を主催しています。最初は応援の意味も込めてオープンしたばかりのスープカレー店に集まってカレーを食べるという趣旨でしたが、徐々に人数が増えて、店主以外のカレー好きが参加したり、ラーメン店主が参加したりと異業種交流会のようになっていきました。店主同士が知り合うきっかけになったり、情報交換をしたりと盛り上がりました。

定期的に開催していましたがコロナ禍で中断。落ち着いた頃を見計らって復活させましたが、今は店主に限定し人数も減らし不定期でやっています。2023年8月に112回目を迎えました。店主さんは

忙しい方が多く、集まるのは難しいですが、これからも続けていきたいと思っています。

カレーヤーズには多くのカレー店主が参加し親交を深めている

——スープカレー業界の歴史を振り返っていただけますか。

私個人の意見ですが、スープカレーの原型を作ったのは「アジャンタ」、広めたのは「スリランカ狂我国」、「スープカレー」という名前を付けたのが「マジックスパイス」と、いろいろな流れが組み合わさって発展していったと思います。

特にマジックスパイスが「スープカレー」という言葉を生み出した功績は大きく、それまで「インドカレー」「スリランカカレー」などと名乗っていたお店がスープカレーに統一されていきました。そしてトマトベースの「木多郎」で広く受け入れられる食べやすいカレーが誕生し、それに影響を受けたカレー店が増えていきました。それまでマニア向けだったスープカレーが一般にも広まったのではないでしょうか。

店舗数が増えていったのもこの頃からかと思います。スープカレーブームが巻き起こり、02~03年にピークを迎え約200店。そこから淘汰されて店の数は減っていきまし

たが、人気店は定着し、道外や海外にも支店を出すまでになっています。今は150~160店で落ち着いているという状況です。

——今後の展望は?

札幌市民でもまだスープカレーを食べたことがないという人は多いです。札幌以外だと存在を知らないという人も数多くいます。でもその分伸びしろがあるということです。SNSなどで簡単に情報が手に入れられる今、世界中に広まるポテンシャルを秘めています。スープカレーを目当てに世界から人が集まるようになると思いますよ。私自身これからもアイデアを駆使してスープカレーを広めていきたいと思っています。

これまでに発行した書籍は40冊超。スープカレーの最新情報を発信し続けてきた

PROFILE

たまヴァーソン　室蘭市出身。広告代理店勤務を経て株式会社ティーツーワイジャムを設立。スープカレーのフリーペーパー「SPICE BEACH」、日本初の専門誌「カレー賛昧」、スパイスレシピ本などスープカレー専門書籍をこれまでに40冊以上発行。各メディアのスープカレー特集に多数出演。スープカレーの情報発信をし続けている。カレーに関する商品開発やイベントプロデュースのほか、コンサルティングも手がける。株式会社Harapecoで広報・企画担当としても活躍している。

SPICE BEACH

curry and sweets apprenti

カリーアンドスイーツアプランティ

Official Site

2ヵ月間期間限定menu【タイ風coco夏カレー】1150円

炙り角煮のスープカレー 1150円。炙った角煮は香ばしく、とろける柔らかさ

モッツァレラチーズとボロネーゼカレー
1250円。イタリアンテイストのルーカレー

スープカレー店でくくれない奥深さ

2種類のスープカレーを筆頭に欧風、イタリア風、インド風のルーカレー、スイーツとメニュー構成がバラエティ豊か。そしてどのメニューも完成度が高い。店主は元ホテル料理人。ホテル仕込みの確かな腕で作り上げたカレーはどれも独創性にあふれる。辛さのチョイスは抑え目にしてさまざまな出汁とスパイスの調和と風味、味わいを楽しんでもらいたい。野菜は季節や仕入れによって内容が変わる場合も。定番の「炙り角煮のスープカレー」は和出汁とトマトの旨味豊か。「タイ風coco夏カレー」は夏季限定だが注文の半分を占める圧倒的一番人気。1品ずつ丁寧に調理するので時間に余裕をもって来店を。元ホテル製菓担当が作るスイーツもおすすめだ。

東光図書館
公園
東光中
千代田小
★
←JR旭川駅
南6条通
〒
・ツルハ
・ホクレン
・セイコーマート

旭川市東光8条4丁目1-22
シカザワビル1F
☎0166-85-7116
11:00～15:00、17:00～21:00
(ラストオーダー各45分前)
木曜定休

OTHER			
オリジナルスープカレー(キーマ野菜)... 1300円	今日のおやつ.......... 300～400円
チキンティッカ・マサラ... 1100円	デミポカレー 1100円

132

SHINO curry

シノカリー

Official Site

豚角煮と牛すじのカリー 1400円。2種類の肉を一度に楽しめる欲張りメニュー

海老とアボカドのカリー 1400円（こってりスープ＋150円）。背脂が入りまろやかさとコクがアップ

目指すは旭川ナンバーワンの迫力

オープン3年目にして人気店の地位を確立。閉店時間前にスープや食材が切れて店じまいすることもしばしばだ。「旭川で一番迫力のあるスープカレー」とうたうだけあって肉系メニューが多く量も十分。野菜も種類豊富にたっぷりと入って満足度が高い。スープは「鶏」と「濃厚エビ」の2種類でそれぞれ「レギュラー」「こってり」「スパイス」「トマト」があり8種類の組み合わせ。最もシンプルな鶏のレギュラーでもタマネギの粒感のあるブイヨンの濃厚な旨味があり、こってりとした味わいだ。期間限定カレーやトッピングも登場する。迷ったときは壁に張られた人気ランキングをチェックして。

セブンイレブン・ ・GS
90
コープさっぽろ
★ ・六合中
消防署 ・図書館

旭川市春光4条9丁目9-20
☎0166-85-6884
11:00〜15:00、17:00〜20:30
（ラストオーダー各30分前）
※スープ、食材がなくなり次第終了
火曜と月曜夜定休

OTHER		
チキンカリー（揚げor炙り）... 1200 円	ザンギカリー .... 1350 円	
ソーセージとキノコのカリー... 1380 円	濃厚エビスープ（スパイス）... ＋200 円	

スープカリー OASIS
スープカリーオアシス

チキンフランクと野菜のスープカレー
1400円

チーズ入りライスコロッケのスープカレー
1300円

地元野菜の旨味が魅力のスープ

旭川市郊外にある人気店。食材はできる限り道産のものを厳選して使用。特に野菜は地元を中心に新鮮なものをたっぷりと使い、お米は東川町のななつぼしだ。スープはタマネギを主体に野菜の出汁が効いた甘めの仕上がりでスパイスが辛さとキレを出している。札幌から取り寄せるチキンフランクのカレーは常連に人気。200㌘のライスとチーズとベーコンが入った大きなコロッケのカレーはインパクト大。コロッケを崩して食べていくとチーズリゾット風になっていく。季節の食材を使った「今月のカレー」も要チェック。ランチタイムはすべてのカレーにドリンクとサラダが付く。

旭川市豊岡7条7丁目3-7
☎0166-33-6444
11:00〜15:00、17:00〜21:00
（ラストオーダー各30分前）
※スープがなくなり次第終了
木曜定休

OTHER		
チキンレッグのスープカレー...1350円	たっぷり野菜のスープカレー...1300円
道産豚の角煮スープカレー...1450円	春巻きトッピング...............150円

スープカリのお店 香屋

スープカリのおみせこうや

Official Site

KOUYAチキン＆ベジータ 1600円。チキンは表面カリカリ、肉は柔らかジューシー

超ベジータ 1450円。野菜好きにおすすめ

大きくて盛りだくさんの具材たち

スープカレー店では珍しく券売機を導入。まず着席してメニューを選び、入口近くにある券売機で食券を購入して席に戻るとスタッフが来る。食券を渡すときに辛さやライスの量を指定するシステムだ。スープは適度なとろみがあり、甘さとトマトの酸味を感じる。スパイス感はほどよくベイリーフの葉が香りを演出。限定の「KOUYAチキン＆ベジータ」は下味のついた衣をまとった大きな知床鶏が秀逸。そのままでもスープに浸しても味わい深い。器を横断する揚げゴボウがインパクト大の「超（すぅぱぁ）ベジータ」は器の底までぎっしりと野菜が詰め込まれ、野菜だけで大満足のボリュームだ。ライスはS・M・Lが同料金。

旭川市神楽岡5条6丁目3-10
☎0166-66-8120
11:00～17:30、土日・祝日11:00～
19:30（ラストオーダー各30分前）
※スープがなくなり次第終了
火・水曜定休

OTHER		
骨付きチキン＆ベジータ... 1300円	ベジータ 1200円
ねぎ豚にんにく＆ベジータ... 1600円	ビーフドリア 1200円

スープカレー CurryQ

スープカレーカリーキュー

Official Site

パリパリチキン 1180円。パリッとした衣をまとったチキンレッグはスルッと骨が外れる柔らかさ

牛豚しゃぶ 1230円。厚めの豚バラと牛バラがスープに力強さを与え食べ応えも十分

山がテーマの人気店

大「雪旭岳源水」と大きく書かれた外看板をはじめ、店内のペナント、辛さやライスのネーミングなど、山テイストがちりばめられている。スープはチキンと魚介がベース。滑らかでタマネギのほのかな甘みがあり、食べ進めるとスパイス感が増してくる。辛さは「1合目〜頂上」まで10段階あるが、通常の辛さとは別に旨味が加わる生唐辛子と香りが楽しめる乾燥唐辛子の「畑の唐辛子メニュー」を数種類用意する。スープは5種類。スパイス好きには「スパイスープ」のチョイスがおすすめ。丁寧に調理しているので時間に余裕を持って来店しよう。平日のランチタイムはトッピングやスープなどを選べる4種類のサービスがある。

卓上には辛味と井手さんが置かれている

OTHER			
チキン	1130円	野菜	1180円
角煮野菜	1430円	スパイスープ	+50円

旭川市末広4条3丁目1-14
☎0166-56-3714
水〜金11:30〜15:30／土・日・祝11:30〜21:00(ラストオーダー各30分前)※スープがなくなり次第終了
月・火曜定休

スープカレー 森のバター

スープカレーもりのバター

Official Site

ベジタブルMAXスープカレー 1870円（ココナッツスープ＋100円）ココナッツの優しい甘さが野菜を引き立てる

豚スネ肉と野菜のスープカレー（数量限定）
1760円。店名の由来であるアボカドのフライは全メニューにトッピングされている

スムージー各種 Sサイズ550円／Mサイズ650円。注文を受けてからできたてを提供する

緑に囲まれた隠れ家的スープカレー店

旭神ヴィレッジ箱庭内にあるカレー店。スープはサラッとした優しい味わい。定番の「ナチュラル」に加え「エビ」「ハーブ」「ココナッツ」を用意。カレーメニューはチキンレッグの有無や野菜の量が選べる5種類に加え、数量限定の豚スネ肉を用意。野菜は地元を中心にできる限り国産を使用。大きくカットされたものがたっぷり入っていて、野菜本来の味が楽しめる。米は東旭川の生産者から直送だ。野菜やチーズ、ベーコンなどトッピングの種類も豊富。ベビーチェア完備でベビーカーの乗り入れも可能なので小さな子ども連れでも安心。席の予約もできる。駐車場は施設共有で30台。

旭川市旭神2条3丁目1-20
旭神ヴィレッジ箱庭
☎0166-73-8480
1100〜21:00（ラストオーダー20:30）
月曜定休

OTHER			
チキンのスープカレー ..... 1210 円	チキンときまぐれ野菜のMAXスープカレー ... 2090 円
チキンと野菜のスープカレー ... 1540 円	野菜のスープカレー .... 1430 円

美々庵

びびあん

ガーリックシュリンプカリー 1350円。ニンニクの効いたエビはビールが欲しくなるおいしさ

チキンレッグカリー（レディースサイズ）1030円、ココナッツスープ（＋80円）。ココナッツ好きも納得のコクとまろやかさ

猫グッズあふれるカフェで本格スープカレー

外 看板には「Cafe」の文字、店内には猫グッズがあふれ「かわいいカフェ」といった雰囲気だが、まごうかたなきスープカレー専門店だ。メニューは6種類（キッズカリー除く）とシンプル。スープは「トマト」と「ココナッツ」の2種類があり、トマトのコクとうまみがしっかりしてスパイスは控えめ。ココナッツはトマトをベースにしてまろやかさと甘さが加わる。「ガーリックシュリンプカリー」はプリプリのエビの上に刻みニンニクがトッピングされ、スープに香ばしさとパンチを与える。一番人気の「チキンカリー」はスプーンでほぐれる柔らかさだ。全メニューで量が少なめでライスがSサイズの「レディースサイズ」（150円引き）が注文できる。

セブンイレブン　GS
冨貴堂
★
コープさっぽろ　ローソン
消防署　六合中
図書館　90

旭川市末広3条3丁目5-15
☎080-9614-9619
11:00〜15:00、17:30〜20:30
（ラストオーダー各30分前）
日曜夜・木曜定休

| チキンレッグカリー | 1180円 | 炙り角煮カリー | 1350円 |
| キッズカリー | 800円 | ストック用スープ | 650円 |

138

WHITE BASE CAFE

ホワイトベースカフェ

Official Site

チーズトマト野菜 1480円。チーズのベールをまとった拳大のトマトが丸ごと1個鎮座

スープカレー屋の揚げたてカレーパン 330円

チキン野菜 1420円。自慢の野菜の下に巨大なチキンレッグが潜んでいる

ダイニングバーとしても使えるカレー店

2010年に西御料で創業し、2017年に北海道教育大学旭川校前に移転。スープはトマトベースで酸味とコクのバランスが良く、スパイスは20種類ほどをブレンド。仕上げにたっぷり振られたスパイスが印象的だ。辛さ設定は0〜6番までで1番が中辛。辛さが足りなければスタッフに頼めば辛味スパイスを出してもらえる。具材にもこだわり、野菜や米は地元の農家から仕入れたものが中心だ。ランチタイムはドリンクとサラダが付いてお得。サイドメニューやアルコール、テイクアウトのオードブル（4800円〜）やパーティープラン（3000円〜）も用意し、ダイニングバーとしても利用できる。

旭川市北門町9丁目2654-11
☎0166-64-6069
11:00〜15:30、17:00〜20:30
（ラストオーダー各30分前）
※夜は当日15:00までの完全予約制
不定休

季節の野菜	1420円	角煮野菜	1420円
キーマおくら納豆野菜	1480円	ごぼうチップス	580円

最強スープカリー ブッダ

さいきょうスープカリーブッダ

ポクベジ 1200円。とろとろに煮込んだ豚肉と野菜がたっぷり

チチーズ 1150円。とろける濃厚チーズがスープにコクを加える

名寄にスープカレー文化をもたらした老舗

2006年創業の名寄初のスープカレー専門店。店主の斉藤尚人さんが独学で作り出したカレーはサラッとスパイシーなスープにシンプルな具材構成。派手さはないが食べ飽きない味わいだ。メニューは鶏肉、豚肉、野菜、納豆のバリエーションで11種類を用意する。辛さは0〜5までは無料、それ以上も＋100円で調整するが、旨味と辛味のバランスが最もいいのは3番とのこと。野菜は自家製の無農薬野菜や地元産を中心に、卵は下川町の「下川六〇酵素卵」を使うなど食材にもこだわっている。見ため以上にボリュームがあり満足度が高い。靴を脱いで上がる店内はアットホームな雰囲気で長年通う常連客も多い。

名寄市西3条南8丁目7-4
☎01654-3-9002
11:30〜15:30、17:30〜20:00
（ラストオーダー各30分前）
日曜定休

OTHER			
ジュースィーチッキン	1080円	ポーくん	1150円
ベジベジ	1080円	なっTo	1080円

カレーのふらのや

Official Site

やわらか骨付きチキン&道産野菜
1480円。スプーンでほろりとほぐれる柔ら
かなチキンにたっぷり野菜

道産野菜 1280円。まろやかでコクのある
ルーが野菜のおいしさを引き立てる

行列必至!富良野発の人気店

ルーカレーやオムカレーが人気の富良野でスープカレー店は少ないが、札幌にも支店がありどちらも行列のできる人気店だ。食材は契約農家から仕入れる野菜をはじめ富良野を中心にできる限り道産を使用。スープは手間を惜しまず12時間かけて仕込む、スパイスは本場スリランカから直輸入するなど随所にこだわりが感じられる。盛り付けも野菜の彩りが豊かで目に鮮やか。味の良さは言うまでもない。スープカレー初心者でも食べやすいようにわずかにルーカレーっぽさを出しているという。スープとルーの2枚看板だが人気はスープに軍配が上がる。週末はもちろん、平日でもスープ切れで閉店することが多いので遅い時間の来店は注意。

富良野市弥生町1-46
☎0167-23-6969
11:30~21:00
(ラストオーダー20:30)
※スープがなくなり次第終了
不定休

OTHER			
やわらか骨付きチキン .... 1180 円	道産野菜........................ 1280 円
上富良野産豚角煮(数量限定)... 1680 円	オリジナルチキンフランク... 1380 円

スパイスカレーきち

Official Site

ミックスやさい 1480円。チキンとポークのダブルメインにたっぷりの野菜。言うことなしの一品

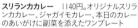

スリランカカレー 1140円。オリジナルスリランカカレー、ジャガイモカレー、本日のカレーのあいがけに副菜を添えたワンプレート

野菜のおいしさを際立たせるスパイス使い

フラノマルシェ駐車場に隣接するシンプルな一軒家のカレー店。店主の吉澤哲郎さんは札幌の人気店で修業を積み、農業ヘルパーの経験から野菜のおいしさを感じてほしいと富良野で店を開いた。野菜は地元の農家から直接仕入れたものが中心。大きく切ってシンプルに調理している。スープは甘みを感じるがスパイスをふんだんに使い、キレのある後味で野菜の旨味を際立たせてくれる。スリランカカレーはカレーや副菜を混ぜながら食べるとさまざまな味の変化が楽しめる。複雑なスパイス使いで濃厚な味わいだが、こちらも富良野野菜の実力を堪能できる。このカレーを食べるために富良野に行きたくなる。

富良野市幸町9-29
☎0167-56-7366
11:30～14:30、17:00～19:30
※スープがなくなり次第終了
土曜と第1・第3金曜定休（他不定休あり）

OTHER			
チキン	990円	たっぷりやさい	1190円
ポークやさい	1380円	キーマ	1090円

CURRY ZION

カリーザイオン

Official Site

かしわネギ 1419円。かしわせいろをヒントに誕生。ゴボウ、三つ葉、長ネギなど和の食材とスパイスの効いたスープの組み合わせは絶妙

ニラ豚 1419円。ニラの香りがスパイシーなスープをさらに引き立て、豚バラとの相性も抜群。リピーターが多い1品

留萌初にして唯一の絶品スープカレー

2003年創業。留萌初のスープカレー専門店だ。食材はできる限り道産・国産の良いものを求め、スパイスは24〜25種類をブレンド。油はオリーブオイルや道産米油を使用し、軽やかさを出している。スープのコクと複雑なスパイスの風味と辛味、具材の旨味と食感が高いレベルで調和し、見た目はシンプルだが香り豊かで味わい深く、後味はスッキリ。名店の風格が漂う。小平町の加藤ファーム直送の米は甘みと粘りがほどよく、カレーの味をさらに膨らませる。冷めにくい特注の器を使っているのも心憎い。ここのカレーを食べるためだけに留萌を訪れたくなる。エスニックテイストの店内もオシャレで、隅々までこだわりが感じられる。

留萌市花園町1丁目4-21
☎0164-42-2297
11:00〜14:30、17:00〜19:030
(ラストオーダー各30分前)
※スープがなくなり次第終了
月曜定休(他不定休あり)

OTHER			
チキン	1529 円	カクニ	1639 円
野菜	1353 円	ソーセージ野菜	1958 円

143

レコレクト

スペシャルスープカレー 1290円。具材たっぷりでスープはバジル&ココナッツ仕立て

海の恵みのスープカレー 1390円。大きな魚介がたっぷり

コーヒー 400円。**ヨーグルトドリンク** 500円。カレーとセットで100円引きになる

クラシカルで個性的な本格スープカレー

2001年札幌で創業し2011年に移転。室蘭では数少ないスープカレー専門店だ。独学で作り上げたカレーは無化調で一口目のパンチは控えめだが、食べ進めるとブイヨンの優しいコクとスパイスの風味がじんわりと広がり、どこか懐かしさを感じさせる。スープはバジル仕上げの「さわやか味」とココナッツミルクの「まろやか味」があり、具材に合わせてスープを変えている。メニューによってはどちらか選べる場合もある。乳製品たっぷりで子どもでも食べられる辛さの「牧場カレー」や昭和テイストの「なつかしカレー」、スパイスたっぷりでマニア向けの「悪魔のレコレクトカレー」など、個性派メニューもそろえる。

室蘭市水元町36-1
☎0143-47-4400
平日18:00〜21:00／土日・祝日12:00
〜15:00、17:30〜20:30
不定休

OTHER			
チキンスープカレー	1120円	季節の野菜スープカレー	1020円
悪魔のレコレクトカレー	1590円	なつかしカレー	1020円

94Store

きゅうよんストア

Official Site

ニコミノレッグ 1400円。リピーター率ナンバーワン

デッカイドーザンギ 1400円に**揚げごぼう**(220円)トッピング。
見た目のインパクトは一番！

〆ラーメン(半玉) 110円。製麺会社
からカレーに合う麺を仕入れている

市場内で朝からスープカレーを堪能

ぷらっとみなと市場内にあり、朝8時に開店。観光客や市場で働く人が朝カレーを楽しんでいる。スープカレー好きの店主・小谷毅さんが食べ歩きと試行錯誤を重ねて作り出したカレーは本場札幌に引けを取らない本格派。サラッとした口当たりで濃厚なスープにハバネロでキリッとした辛さを出している。別添えのガーリックオイルを加えるとコクと風味が増していいアクセントに。カレーが見えないほど盛られたカリッカリの揚げごぼうは人気のトッピング。後入れのラーメンに、カレーラーメンがご当地グルメの苫小牧らしさが感じられる。同価格でルーカレーも選べるのも嬉しいポイント。

苫小牧市港町2-2-5
海の駅ぷらっとみなと市場A棟
☎0144-77-0939
8:00〜15:00(ラストオーダー)
水曜定休(祝日の場合は営業)

OTHER			
ヤサイ	1200 円	スアゲノチキン	1300 円
シーフード	1400 円	エビココガーリックスープ	165 円

145

タムハウス カリー ラボ 東店

タムハウスカリーラボひがしてん

Official Site

炙りチーズハンバーグカレー　1250円。ハンバーグが隠れるほどのたっぷりチーズが香ばしい

特製ザンギ3個　450円

チキンレッグスープカレー　1180円。チキンはスプーンでほぐれる柔らかさ

また食べたいと思わせるスープとルー

インドネシア料理をベースにしたオリジナルスープカレーを提供する。数十種類のスパイスをブレンドしたスープはサラッとした飲み口。ほどよいコクとほんのりした甘さがあり、後からスパイスがじわりと追いかけてくる。一番人気のチキンは柔らかくほぐれてスープになじむ。ルーカレーはビーフのコク深く、辛さ控えめでも十分なスパイス感がある。どちらもまた食べたいと思わせる親しみのある味わいだ。サイドメニューの特製ザンギやカレーパン、地元の焼肉店とベーカリーとコラボしたハンバーガーも人気。天井が高く、南国リゾートを思わせる店内では、ハンドメイド雑貨も販売している。

OTHER		
豚しゃぶスープカレー..... 1180 円	野菜スープカレー .... 1100 円
ザンギカレー..................... 950 円	特製アメリカンBBQ ビーフバーガー... 950 円

苫小牧市拓勇東町8丁目6-68
苫小牧ドライビングスクール敷地内
☎080-6080-7773
11:00～15:00、17:00～21:00
（ラストオーダー20:30）
火曜定休

カレーリーフ

Official Site

スリランカ風チキン野菜のカリー 1020円。20種類のスパイスをブレンド。サラッとスパイシーなスープが人気

フランス風シーフードのカレー 1150円 シチューのようなとろみと深いコク、シーフードの旨味が広がりフレンチの一品のよう

目に美しく香り高く洗練された味わい

1998年創業。帯広のスープカレーでは草分け的存在の名店だ。店主の相馬鎮徹さんはカレー店の食べ歩きとレストランサービスの仕事をしていた時代に各国の料理人から学んだ知識を生かし、基本を押さえながらオリジナルの味を追求。メニューに「インド風」「スリランカ風」などと書かれているが、そこにとらわれない相馬さんの世界観があり、スープカレーとカテゴライズするのがためらわれるほどだ。無農薬・有機栽培の野菜や農家から旬のものを直接仕入れるなど食材ひとつひとつにも心を砕く。どのカレーも香り豊かで味に深みがあり見た目も美しく、食べると透明感や安心感、完成度の高さがうかがえる。

帯広市西17条南5丁目8-103
オーロラ175 1F
☎0155-41-0050
11:30〜14:30、17:00〜20:30
（ラストオーダー各30分前）
水・木曜定休（祝日の場合は営業）

OTHER			
インド風チキン野菜のカリー...	1020円	スリランカ風チキンキノコのカリー...	980円
カツカレー	820円	お子様かれーセット..........	680円

十勝スープカレーBELIEVE

とかちスープカレービリーブ

Official Site

ジューシーチキンのおろしポン酢和え
1290円。爽やかな酸味で後味サッパリ。
人気ナンバーワン

やわらか炙り焙煎角煮 1340円(大地の
スープ+120円)。トロふわの炙り角煮は絶
品。数量限定

GARAKUインスパイア系を帯広で

札幌に本店を置く人気店「GARAKU」監修で2016年に
オープン。インパクトのある外観、味やメニュー構成、アメ
リカンテイストの店内などにガラクのエッセンスが感じられ、週
末には行列ができる人気店だ。スープは和風出汁をベースにし
たコク旨の「オリジナル」、広尾産のスナエビを使った「濃厚エ
ビ」、十勝産大豆をメインに豆乳や味噌を調合した「大地」の3
種類。特に大地は和の旨味とコクがパワーアップし野菜との相
性が抜群で、ガラクにはない個性がある。スパイスの刺激よりも
出汁の旨味を堪能したい。基本野菜に大豆を入れたり、地元
の食材を多く使うなど本家とは一味違う「十勝らしさ」を感じ
る。

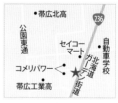

帯広市清流東2丁目13-1
☎0155-66-7552
11:00〜15:00、17:00〜21:30／土日
祝日11:00〜21:30(ラストオーダー
各30分前)
年末年始定休

OTHER			
サクッとチキンレッグ	1220円	15品目のたっぷり野菜	1120円
手ごねハンバーグ	1320円	ビリーブスペシャル	1790円

夜のスープカレー屋さん

よるのスープカレーやさん

十勝のたっぷりベジタブル　1480円。新鮮野菜がたっぷりで深夜の罪悪感も軽減される。ライス付き

夜のパキスタンカレー　1200円。スープカレーに劣らず人気の無水カレー。サラダとミニチャイ付き

帯広の夜、シメにスープカレーを

帯広中部の繁華街にあり、午後5時から深夜2時までの夜営業だ。店内は照明が抑えめでジャズが流れ大人の雰囲気が漂う。定番12種類にマンスリーと豊富な品ぞろえでアルコールや一品料理も充実しているのでちょい飲みにもいい。スープはコクがあるが後味サッパリの「オリジナル」と酸味が効いた「トマトベース」の2種類。辛さは無料で「ふつう」の1から「大災害」の10までで7以上はピッキーヌが入る。20種類のスパイスの薬効とヘルシーなたっぷり野菜は飲んだ後のシメにピッタリ。2階建ての店舗で1階は禁煙のカウンター席、2階は喫煙OKのテーブル席だ。

帯広市西1条南12丁目2-7
☎0155-67-6673
17:00〜翌2:00、日曜17:00〜翌1:00
（ラストオーダー各30分前）
火曜定休

OTHER			
ジューシーチキン	1280円	まめとパリパリほうれん草	1180円
ベーコン	1380円	道産牛タン	1680円

SOUPCURRY BEGIRAMA

スープカレーベギラマ

Official Site

箱館イカすみカレー 1920円。2種類の
イカフライと漆黒のスープはインパクト
大。岩のりが磯の香りを添える

フライドチキンレッグカレー 1640円。フラ
イドチキンの衣には味がしっかりついてい
てバリバリッといい歯ごたえ

札幌スープカレーと函館の食材の出合い

　札幌の有名店で修業した店主が出身地の函館で2020年
に開店。幅広い年代の地元客をはじめ観光客も訪れる
人気店だ。豚骨ベースのスープはこってりコク旨。農家直送の
野菜をはじめ具材がたっぷりと入り、スープが隠れるほどのボ
リューム。具材を楽しむカレーに仕上がっている。メニューも定番
だけで11種類と豊富で目移りするほど。中でもイチオシは函館
名物のイカを前面に押し出した「箱館イカすみカレー」。丸1日
かけて仕込むイカゴロを加えたスープはブイヤベースのよう。最
後まで熱々を楽しめるよう土鍋で調理し、煮立った状態で提供
される。ランチタイムはカレーメニューが200円引きとリーズナブ
ル。

函館市松風町10-2
A-GATE HOTEL1F
☎0138-76-9923
11:30～15:00(ラストオーダー14:30)、
17:30～21:30(ラストオーダー20:30)
不定休　※HPで告知

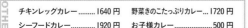

OTHER		
チキンレッグカレー	1640円	野菜きのこたっぷりカレー 1720円
シーフードカレー	1920円	お子様カレー 500円

スープカレーBeLL

スープカレーベル

Official Site

トロットロの牛すじ 1350円。柔らかく煮込まれた牛すじはスプーンでほぐれる柔らかさ

ノーマル 750円。ルーカレーは他にチキンレッグ、ハンバーグ、きのこなど6種類

スープとルーの二刀流。深夜もカレーが楽しめる

スープカレーはかわいい土鍋で提供。蓋を開けた瞬間広がる香りとグツグツと煮立つビジュアルにテンションが上がる。スープは牛骨を長時間煮込んでコクとまろやかさを引き出し、バランスの良いオリジナルスパイスがじんわりと効いてきて食べやすい。ルーカレーは粗びきのキーマで、たっぷりタマネギの甘さとコクが印象的だが、食べ進めるとスパイスの香りと刺激が広がってくる。ライスはターメリックライス・雑穀米・麺から選べる。トッピングも充実で、「コッテリ背脂」（120円）や「ガゴメ」（180円）など個性派も。ディナータイムは深夜1時までの営業で、バーのような雰囲気になりシーシャ（水タバコ）も楽しめる。スープ切れで閉店することもあるので遅い時間の来店は注意。

函館市本町32-5
☎0138-83-6874
11:00〜15:00、18:00〜翌1:00
月曜定休

OTHER			
チキンレッグ ... スープ1300円・ルー900円		ダブルハンバーグ ... スープ1300円・ルー900円	
濃厚チーズリゾット 1000円		野菜きのこ 1250円	

NO SOUPCURRY,NO LIFE　あとがきに代えて…。

スープカレーに彩られた人生

　スープカレーが大好きだ。「好きな食べ物は?」と聞かれたら迷わず「スープカレー」と答えるし、ありとあらゆるお店を食べ歩いた結果、私の頭の中には「スープカレー店MAP」が構築され、詳しい住所よりも近くにあるスープカレー店を教えてもらった方が場所を把握できるくらいだ。食べたスープカレーは写真を撮ってミクシィのアルバムにアップしているのだが、その写真も現在3000枚を超えている。ミクシィを始める前から食べ歩きをしていたので、おそらく3500食近く食べてきたに違いない。本書を執筆するにあたって巡ったお店は延べ150店。1店舗につき最低でも2種類は食べて取材したので単純計算で300食だ。取材以外にもプライベートで食べていたので正確な数は出せないが、4000食に到達したかもしれない。

　スープカレー繋がりの友人もできて、スープカレーオフ会をしたり、カレー店のハシゴをしたり、SNSで情報交換をしたりしてきた。「あの店は○○で修業した人が独立したところ」「味の傾向は××店の系統だ」「店名の由来は△△で…」「この地域でおすすめのお店は○○!」など、スープカレー仲間で数時間は語っていられると思う。

　合コンで知り合った男性がスープカレー本の編集に携わっていると知り、積極的にお近づきになって彼氏ではなく仕事をゲットし、数年にわたりスープカレー本を手がけさせてもらったのも今ではいい思い出だ。現在でもランチはスープカレー率が高いし、新店はチェックするし、好きなお店は通い詰めているし、仕事でスープカレー店の取材もする。私の人生はスープカレーに彩られていると言っても過言ではないだろう。

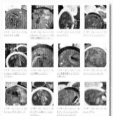

ミクシィのアルバムにアップしているスープカレーの写真たち

最悪のファーストインプレッション

　スープカレーというものを初めて食べたのは大学生のとき。きっかけは月刊情報誌の写真だった。チゲのような真っ赤なスープと丸ごとの具材がゴロゴロ入ったビジュアルは個性的で「味の想像は全くつかないけれど…、ちょっと食べてみたい!」と興味がわいた。

　そして、数日後その店に実際に食べに行ったのだ。器からあふれんばかりのスープに、スープから飛び出すチキンレッグ、ピーマン、ブロッコリーなどの野菜たち。家系ラーメンのように表面に油膜が張っているのが、カロリー的にも恐ろしい。具をかき分けるようにスープをすくって口に入れた瞬

間、初めての味に脳が混乱した。

恐らく「スープカレー」という名前の「カレー」部分にイメージが引っ張られ、心のどこかでカレー味を想像していたのだと思う。素直に「変な味!」と感じてしまった。オイリーでスパイシーなスープは異質に感じ、野菜は大きすぎて味もほとんどついていないし、チキンレッグを解体していたらスープがはねて服が汚れてしまったし、ナイフとフォークとスプーンの3つを使い分けながら食べるのも煩わしかった。値段も高くて「こんなのカレーじゃないじゃん!」と、心底がっかりして店を後にした。

今でもよく「スープカレーなんてカレーじゃない」という声を耳にするが、それは「二郎はラーメンじゃない」と言うのに似ている。今では私は、スープカレーはカレーではなく「スープカレー」という名のカレーとは異なる食べ物と認識している。

アジャンタでスープカレーにハマる

スープカレーとの出合いは最悪だったが、それから約半年後の夏の暑い日のことだった。大学の部活中にふとスープカレーをもう一度食べてみたいという気持ちが心をよぎったのだ。部活帰りにそのまま吸い込まれるように再訪して同じメニューを食べてみた。

一口で衝撃が走った。オイリーでスパイシーなスープは刺激的で、辛さの奥にコクとまろやかさがあって複雑な旨味が口いっぱいに広がった。スープをまとった肉や野菜は素材の味がくっきりと感じられ、下味がついていない分スープの味を引き立てている。最初食べた時に感じた違和感はどこへやら、「おいしい!おいしい!」と感動すら覚えて完食した。

ちなみに、そのお店は手稲区星置にある「アジャンタ」(現在は閉店)で、そこから私のアジャンタライフが始まった。週に1回は必ず訪れ、多いときでは週5回。アジャンタは週2日定休だったので1週間皆勤だ。通っているうちに開店直後と閉店間際では味やスパイスとコクのバランスが異なることにも気づいた。私は12時半のスープが一番好きだった。

体調が悪いときや二日酔いのときにアジャンタを食べると一発で回復するのも魅力だった。アルバイト募集の張り紙を見つけて、まかないでカレーが食べられると知り、それ目当てで申し込んだところ「西区と手稲区在住の方に限ります」と断られて悔しい思いをしたこともあった。

人生初のスープカレーはアジャンタの「とり」。当時は1000円だったと記憶している

スープカレーにのめり込む

アジャンタが私の生活にすっかり根ざした頃、じわじわとスープカレー店が増えてきて、他のお店の味も試し

てみたいという好奇心が頭をもたげてきた。情報誌などを頼りに少しずつ食べ歩き始めた私に、さらにスープカレーにハマるエポックメイキングな出来事が起こった。

JR琴似駅近くにオープンしたばかりのとある店に、閉店ギリギリに友人と2人で滑り込んだ。店内は照明が抑えめでバーのような雰囲気。テーブル席はガラガラで、カウンターに数人の客がいたが全員店主の友人でおしゃべりに花を咲かせていた様子。初めて訪れた我々にとって完全アウェイな雰囲気だった。店主はちょっといかついルックス。そして強面の表情で「すみません、今日はもう1人前しかカレーが残っていないんですが、よろしいでしょうか?」と。これは帰れということを示唆しているのか?と一瞬ひるんだが、空腹と好奇心を抱えた我々は1人前をシェアすることにして注文した。

そうして運ばれてきたカレーを見て驚いた。1皿で来ると思っていたカレーは2皿に分けられ、チキンレッグこそ小さかったものの、野菜もスープもちゃんと1人前ずつのボリュームが盛られていたのだ。ブイヨンの効いたスープは深いコクがあって、アジャンタとは全く違う味わいながら、とても気に入ってしまった。満腹・満足でお会計をお願いしたら、まさかの1人前の金額。「こんなにきちんとしていただいたので2人分お支払いします」と申し出たが「いえ、1人前なので大丈夫ですよ」と笑顔を見せてくれた。なんていい人なの!

と、すっかりファンになり、こちらにも頻繁に通うようになった。

それから間もなくこのお店はブレイクし、今では札幌と東京などに7店舗を構える超人気店となった。「らっきょ」である。その後店主のイデゴウさんには、前述のカレー本の取材などで何度となくお世話になり、イデさんの結婚披露パーティーにも呼んでいただくほどのご縁となったのだが、この時はそんなことになるなんて想像もつかなかった。人生って不思議。そしてこれをきっかけに積極的に他のお店にも行くようになり、スープカレーの世界にのめり込んでいった。

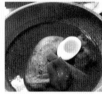

スープカレーの世界を広げるきっかけとなったらっきょのチキンスープカレー

夢を叶えてくれたスープカレー

大学生のときの「スープカレー屋さんでバイトしたい」という夢は社会人になって「gopのアナグラ」で叶った。ここは取材で初めて訪れた店だったが、店主のsinさんは私が大好きだった「スリランカ狂我国」(現在は閉店)で修行していた人だったので、絶対好みの味だと思っていた。試食させてもらったら、修行先の味を受け継ぎさらにブラッシュアップさせていて、一度でハマってしまった。ここはスパイスの使い方が素晴らしく、ちょっ

とマニアックなくらい個性的。初めてスープカレーを食べる人には受け入れにくいかもしれない。いろいろ食べ歩いた人がたどり着いてハマる味と言えよう。常連客にスープカレー店主が多いところにマニアの支持率の高さがうかがえる。

通い詰めて sin さんともすっかり仲良くなったある日、「今度の日曜日、店手伝ってくれない?」と声をかけられた。レギュラーのバイトの学生が帰省するので人手が足りないとのこと。そしてまかないはカレーと聞いて二つ返事でOKした。フリーランスだから自分の仕事は調整できたし、メニューや値段、辛さのシステムなどはすでに頭に入っていた。sin さんがカレーを作るのを間近で見られて、お店が落ち着いたときはおしゃべりをして、ものすごく楽しいバイトだった。

そして、お客さんが「おいしいね!」と食べているのを見て「そうでしょう!おいしいでしょう!」と自分の手柄でもないのに誇らしい気分になった。バイト後のまかないカレーは最高だった。学生のときからスープカレー屋でバイトすればよかったと思ったくらいだ。アジャンタで断られたときに食い下がればよかった(笑)。でも夢が叶ってよかった。

その後もときどきお呼びがかかり、今でもたまに手が足りないときにお手伝いさせていただいている。もし今の仕事を失ったらフルタイムで働かせてもらい、スパイシーな人生を歩もう

と目論んでいるが、幸いなことに今もこの仕事を続けられている。長年プライベートで食べ歩き、カレー店の取材を数多く経験し、「スープカレーが好き!」と公言しまくっていたおかげか、今回北海道新聞出版センターの五十嵐裕揮さんにお声がけいただき、本書の制作に携わることができたのは幸せ以外の何物でもない。ライターを生業にしたときから抱いていた「自分の著書を出したい」という夢を叶えてくれたスープカレーにもありがとうと言いたい。これからもスープカレーと共に人生を歩んでいこうと思う。

最後に、編集作業を支えてくださった五十嵐さん、店主の皆様、この本にご協力いただいたすべての方々にお礼申し上げます。本当にありがとうございました。

※「北海道アンソロジー ポッケ(スタジオブリケ発行)」に掲載されたものに加筆・修正しました。

左は gop のアナグラでバイトしたときのまかない「チキンと野菜」。+200 円でスープ大盛りにしているので具が沈みがち。右はいつもプライベートで食べる「チキン」。スープ大盛り×2 で注文するので具が全く見えない

スリランカ狂我国では具がヒラタケだけの「しめじ」をよく食べていた。辛さは 100 番でスープはもちろん大盛り

五十音索引

著者略歴

吉田 弥生（よしだ・やよい）

　札幌市出身。小樽商科大学卒。2003年から
フリーライター、デザイナーとして活動を始める。
グルメ、サッカー（北海道コンサドーレ札幌）、
教育、医療などさまざまな分野の取材・執筆を
行っている。デザイナーとしては本や名刺、パ
ンフレットなど紙媒体のデザイン、イラストが専
門。本書のイラストも描き下ろした。

　大学生のときに初めてスープカレーを食べて
以来25年以上、プライベートの食べ歩きはも
ちろん、仕事でも数多くの店を訪れてきた。今
までに食べたスープカレーは3500杯を超える。
本書の執筆にあたっては下調べを含め延べ150
店を訪れ、300杯以上実食した。

撮影協力：IN CURRY
撮影：重藤 照子

北海道のスープカレー

2024年5月22日初版第1刷発行

著　　　者	吉田弥生	
発 行 者	惣田　浩	
発 行 所	北海道新聞社	
	〒060-8711　札幌市中央区大通西3丁目6	
	出版センター	（編集）☎ 011-210-5742
		（営業）☎ 011-210-5744

印刷・製本　　中西印刷株式会社

ISBN　978-4-86721-130-4
※ QRコードは㈱デンソーウェーブの登録商標です。